JETONS

DES

PRINCES DE BOURBON

de la Première Maison de Vendôme

SUIVIS D'UNE NOTE RELATIVE AUX MÉREAUX ET AUX SCEAUX
DE LA COLLÉGIALE DE SAINT-GEORGES DE VENDÔME

Par M. Jules CHAUTARD

Doyen honoraire de la Faculté Catholique des Sciences de Lille,
Ancien Doyen & Professeur de la Faculté des Sciences de Nancy,
Ancien Titulaire de l'Académie de Stanislas,
Membre titulaire de la Société Française de Numismatique,
Honoraire de la Société Royale de Numismatique de Belgique
& de la Société Suisse de Numismatique,
Etc., etc.

I

Reputandum est..... Fructu non flore caduco.
(*Chambre des Comptes*, pages 41 et 42).

VENDOME
Typographie Fr. EMPAYTAZ
—
1897

JETONS

DES PRINCES DE LA PREMIÈRE MAISON

DE BOURBON-VENDOME

JETONS

DES

PRINCES DE BOURBON

de la Première Maison de Vendôme

SUIVIS D'UNE NOTE RELATIVE AUX MÉREAUX ET AUX SCEAUX
DE LA COLLÉGIALE DE SAINT-GEORGES DE VENDÔME

Par M. Jules CHAUTARD

Doyen honoraire de la Faculté Catholique des Sciences de Lille,
Ancien Doyen & Professeur de la Faculté des Sciences de Nancy,
Ancien Titulaire de l'Académie de Stanislas,
Membre titulaire de la Société Française de Numismatique,
Honoraire de la Société Royale de Numismatique de Belgique
& de la Société Suisse de Numismatique,
Etc., etc.

I

Reputandum est..... Fructu non flore caduco.
(*Chambre des Comptes*, pages 41 et 42).

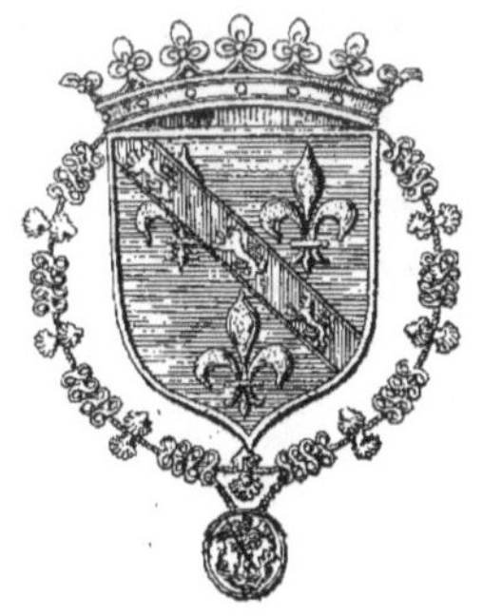

VENDOME
TYPOGRAPHIE FR. EMPAYTAZ

—

1897

ainsi que par MM. Rouyer et Huchet, dans leur *Histoire du jeton au Moyen Age*, parue la même année.

II. — Dans un second chapitre, on ferait rentrer tout ce qui se rapporte aux princes de la Maison de Bourbon-Vendôme jusqu'à la réunion du duché de Vendôme à la couronne, sous Henri IV. C'est ce sujet que j'ai en vue d'aborder en ce moment avec pièces entièrement nouvelles, non décrites dans les publications de MM. Schlumberger et Blanchet (1), auxquelles j'aurai soin de renvoyer à l'occasion.

III. — Les jetons des princes de la deuxième Maison de Vendôme, issus de Henri IV, forment la matière d'un troisième chapitre imprimé il y a quelques années déjà (2).

IV. — Dans un travail ultérieur annexe des premiers, mais qui devra être traité séparément vu son étendue et son caractère spécial, je me propose de donner la description des jetons relatifs aux dignitaires ecclésiastiques de la Maison de Bourbon et spécialement de la branche de Vendôme, dont la puissance et les revenus au XVIe siècle dépassaient ceux des plus hauts personnages de l'époque.

V. — Enfin la série descriptive des jetons de la même famille, serait complétée par l'étude des pièces qui se rattachent aux Maisons secondaires et latérales de Bourbon-Vendôme et notamment aux alliances des Maisons de Bourbon et de Lorraine.

---

(1) Blanchet. *Jetons de la famille de Henri II de Navarre*, 1 broch. in-8°, 1 planche. Dax, 1886.

Schlumberger et Blanchet, *Monnaies, jetons et médailles du Béarn*, deux volumes in-8°, l'un de texte, l'autre de planches. Paris, 1893.

Nous nous abstenons à dessein d'indiquer un travail sur les jetons de Vendôme, publié, il y a quelques années, par un M. Préau, dans lequel l'auteur semble n'avoir aucune connaissance sérieuse du sujet et joue plutôt un rôle de pamphlétaire que d'historien.

(2) *Bulletin de la Société archéologique du Vendomois*, avec planches; t. XX, XXI, XXII et XXVII, années 1881, 1882, 1883 et 1888; ce travail a été l'objet d'un tirage à part avec supplément.

INTRODUCTION

On a souvent reproché aux personnes s'occupant de collections et de monographies monétaires d'accaparer, au profit de la province qu'elles affectionnent, des pièces qui n'ont avec elle qu'un rapport indirect et lointain. Je ne voudrais pas tomber dans un écart de ce genre, en décrivant à propos du Vendomois, les jetons de la Maison de Bourbon; aussi, je me hâte d'ajouter que si, par amour du clocher natal, j'entreprends cette étude, il n'entre en mon esprit aucune pensée d'annexion, mais simplement le désir d'apporter, à pied d'œuvre, quelques notes permettant de former un ensemble de documents relatifs à la famille de nos Princes, documents disséminés de plusieurs côtés et trop négligés jusqu'à ce jour par les historiens qui ont précédé.

La numismatique de la Maison de Bourbon, en ce qui concerne les jetons, peut en effet comprendre plusieurs chapitres bien distincts.

I. — Le premier, pour la période des comtes héréditaires jusqu'à l'époque de la constitution de la Maison de Vendôme, a été traité par de Soultrait, dans son *Essai de numismatique Bourbonnaise,* publié en 1858,

A Son Altesse Royale
Monseigneur le Prince Emmanuel d'Orléans
Duc de Vendôme

Monseigneur,

En prenant, au moment de votre mariage avec une Auguste Princesse de Belgique, le titre de Duc de Vendôme, vous avez voulu faire revivre une tradition séculaire et renouer avec une ville qui fut le berceau de votre illustre famille, des liens que le temps avait pu briser, mais dont le souvenir était demeuré vivant au foyer de la province.

Permettez-moi donc de vous offrir la dédicace d'un travail vendomois destiné à faire sortir de l'oubli les modestes monuments métalliques laissés par vos ancêtres à une époque déjà lointaine, mais riche en héros dont on aime à retracer les hauts faits et la gloire.

Daignez, Monseigneur, recevoir l'expression des respectueux hommages de votre très humble et très dévoué serviteur,

J. Chautard.

Croissanville, Villa Saint-Marc (Calvados), ce 31 Janvier 1897.

JETONS

DES

Princes de la première Maison de Bourbon-Vendôme

1374-1589

L'avènement des Princes de la Maison de Bourbon à la souveraineté du Vendomois (1), d'un siècle environ antérieur à la Renaissance, ouvrit à cette province une ère de splendeur et de prospérité inconnue jusqu'alors. Sous la bienfaisante administration de ces fils de Saint-Louis, on ne tarda pas à voir renaître l'agriculture, l'industrie et les arts dans ces contrées si longtemps appauvries par les luttes ruineuses et meurtrières dont elles furent le théâtre. Toutes proportions gardées, on peut dire, avec le savant historien, de PÉTIGNY, que cette époque, fut

(1) Rappelons ici le double lien qui rattache les Bourbons au Vendomois. En 1364, Bouchard VII, comte de Vendôme, épousait Isabelle de Bourbon, fille de Jeanne de Chatillon, dame de Carency et de Jacques de Bourbon, comte de la Marche, tué à Brignais, près Lyon, en 1362. En même temps, Catherine, sœur de Bouchard, devenait la femme de Jean de Bourbon, frère d'Isabelle.

Bouchard VII mourut sans enfants en 1374 ; son beau-frère Jean de Bourbon prit alors le titre de comte de Vendôme du chef de sa femme. Jean disparut en 1393 ; ce fut seulement en 1403 que son fils Louis, devenu majeur, prit possession du comté, administré jusque là par Catherine, héritière de Bouchard. Louis mourut en 1446 et eut pour successeur son fils Jean II de Bourbon qui devint Jean VIII, comme comte de Vendôme. Celui-ci décéda en 1477, aux Roches, laissant pour héritier François de Bourbon, sous lequel le comté fut érigé en pairie et soustrait à la suzeraineté de l'Anjou pour relever directement de la Couronne.

dans l'existence du Vendomois, ce que fut le siècle d'Auguste pour l'ancienne Rome et celui de Léon X pour l'Italie (1).

Dépossédés du droit monétaire dont ils avaient joui pendant des siècles, les princes de Bourbon, à l'instar des grands possesseurs de fiefs de l'époque, laissèrent de curieux monuments numismatiques dans les jetons frappés à leurs armes et à leur nom. Avec la Renaissance, ces pièces acquirent une variété de dessin et un fini de gravure qui en font un objet d'étude d'un intérêt tout particulier (2). Bien que les jetons du Bourbonnais proprement dit, aient déjà été étudiés avec une rare compétence par divers auteurs distingués, ainsi que je l'indiquais plus haut, il y aurait encore aujourd'hui beaucoup à ajouter à ces descriptions; mais je ne les aborderai pas dans leur généralité, voulant me limiter, comme point de départ et comme étendue de mes recherches, à la prise de possession du Vendomois par les princes de Bourbon.

Toutefois, il s'écoula plus d'un siècle avant que nous ayons connaissance de jetons portant le nom de notre province. Ce n'est qu'à partir de François de Bourbon, ou plutôt de sa femme, Marie de Luxembourg, qu'on voit la série commencer et se continuer jusqu'à la fusion du duché dans la grande patrie française, lors de l'avènement de Henri IV au trône en 1589, c'est-à-dire pendant un siècle environ.

---

(1) De Pétigny, *Hist. du Vendomois*, p. 323 et suiv.

(2) Les jetons constituaient, en quelque sorte, pour leurs auteurs, des archives nobiliaires, rappelant en abrégé et autant que la place accordée à la légende le permettait, le nom de la plupart des seigneuries dont ils étaient possesseurs. Il suit de là que plusieurs villes ou provinces peuvent en revendiquer l'attribution à titre égal; nous ne décrirons ici que les pièces portant la marque d'une attache vendomoise.

Comme remarque générale, j'ajouterai encore que presque tous les jetons connus des princes de Bourbon-Vendôme sont en cuivre. C'est à peine, à ma connaissance, si on peut en retrouver deux ou trois en argent jusqu'à l'époque du mariage de Henri de Bourbon avec Marguerite de Valois. Les uns et les autres étaient destinés aux opérations de la Cour des Comptes (1).

Complétons ces généralités par une dernière observation relative aux armoiries gravées sur les jetons de cette période, soit au droit, soit au revers. Les plus anciens portent l'écu de Bourbon-Vendôme, qui est de Bourbon *à la bande de gueules chargée de trois lionceaux d'argent.* Mais, en 1527, à la mort du duc Charles II, connétable de Bourbon, l'aînesse étant échue aux princes de Vendôme, ceux-ci prirent les armes pleines de la famille, supprimant la brisure des lionceaux, qu'ils remplacèrent par *la bande de gueules,* propre aux armes de Bourbon. Cette bande fut réduite parfois à l'état d'une simple cotice de même émail, passant sous la première fleur de lis, au lieu de la recouvrir, comme cela se voit sur les jetons, à partir des ducs Charles et Antoine de Vendôme.

Plus tard, enfin, la bande, au lieu de traverser diagonalement la totalité de l'écu, se trouve entre les fleurs de lis qu'elle cotoye, ainsi qu'on peut le constater à la vue des pièces de la planche III.

---

(1) Du reste, pour l'usage, la frappe et la distribution des jetons, nous prions le lecteur de se reporter à ce que nous avons dit à ce sujet dans notre *Histoire des jetons des Princes de la deuxième Maison de Bourbon-Vendôme* (*Bulletin de la Soc. arch.*, t. XX, année 1881).

François de Bourbon

Comte (1477-1495)

François de Bourbon, comte de Vendôme, vint au monde en 1470 et n'avait que sept ans lorsqu'il succéda à Jean de Bourbon, son père (1). Sa vie militaire fut assez calme et il ne participa point aux révoltes de la minorité du roi de France Charles VII. Malgré cela, il servit Anne de Beaujeu et fit campagne en Guyenne, dans l'armée où se trouvait le jeune roi. Plus tard, envoyé en Flandre, il secourut Philippe, sire de Ravestein, contre l'archiduc Maximilien.

Pendant l'expédition de Charles VIII en Italie, le comte de Vendôme resta en France, mais à la nouvelle des difficultés survenues dans le cours de la campagne, il partit en hâte avec des renforts. Tombé malade au camp de Verceil, François y mourut âgé seulement de

---

(1) Pour toutes les notices biographiques contenues dans ce travail, confrontez :

P. Anselme. *Hist. généalogique de la Maison de France*, 9 vol. in-folio. 3e édit., MDCCXXVI, Paris, Compagnie des libraires.

Derie (*Jacques*). *Les Familles de France illustrées par leurs médailles*, 1 vol. in-fol. Paris, 1634. Paris, MDCXXXIIII.

Desormeaux (*Joseph-Louis-Ripault*). *Hist. de la Maison de Bourbon*, 1772-1786, 4 vol. in-4°. grav.

Moreri. *Dict. historique*, 10 vol. in-folio. Paris, Edit. de MDCCLIX.

De Pétigny. *Hist. du Vendomois*, 1 vol. in-4°. Henrion, Vendôme, 1849, avec planches par G. Launay.

Renée (*Amédée*). *Princes militaires de la Maison de France*, 1 vol. in-4°; Claye et Taillefer, imprimeurs. Amyot, éd., r. de la Paix, à Paris, sans date.

Simon (*abbé*). *Hist. de Vendôme*, 3 vol. in-8°. Henrion-Loiseau, Vendôme, 1834.

vingt-cinq ans, en 1495. Son corps, rapporté en France, fut inhumé en l'église St-Georges de Vendôme, lieu de sépulture des princes de Bourbon-Vendôme.

François était un des personnages les plus accomplis de son temps, l'*Escarboucle* suivant l'expression usitée par André de la Vigne, l'un de ses biographes. Un autre, Desormeaux, lui applique ce que Brantome disait de Dunois « qu'il infusa une telle semence de générosité dans toute sa race, qu'elle s'en est toujours ressentie jusqu'à nos jours. »

On ne connaît aucun jeton que l'on puisse avec certitude attribuer à François de Bourbon. Il en existe bien un, anonyme, frappé pour la Chambre des Comptes, qu'on avait proposé de classer au règne de ce prince (1), mais les raisons exposées comme justification de ce point délicat, n'ont qu'une médiocre valeur et tout milite au contraire pour reporter l'émission de la pièce au règne suivant, ainsi que nous l'établirons tout à l'heure.

Si le comte François se signale par l'absence de monuments métalliques pouvant lui être consacrés, il n'en est pas de même de son épouse et de ses enfants dont, pour plusieurs, il existe de nombreux et fort beaux jetons, rappelant en tout point le style Renaissance.

Pour le moment, nous ne décrivons que les pièces de Marie de Luxembourg et de Charles, son fils aîné, comte puis duc de Vendôme, renvoyant à un autre chapitre pour faire connaissance avec celles des princes puînés de la Maison de Vendôme.

---

(1) *Bulletin de la Soc. arch. du Vendomois*, année 1883, page 238.

Marie de Luxembourg (1)

Comtesse, puis Duchesse douairière (1495-1548)

François de Bourbon avait épousé, par contrat passé au château de Ham, le 8 septembre 1487, Marie, fille de Pierre II de Luxembourg, comtesse de Saint-Pol, de Conversan, de Marle, de Soissons, dame d'Enghien, de Dunkerque, Gravelines, Ham, La Roche, etc., etc., châtelaine de Lille, titres que l'on trouve mentionnés en tout

(1) Il existe plusieurs princesses du nom de Marie de Luxembourg, que nous signalons en note, afin de prévenir le lecteur contre toute confusion.

A. — Marie de Luxembourg, fille de l'Empereur Henri VII, de la Maison de Luxembourg et de Marguerite de Brabant, qui épousa Charles IV le Bel, roi de France, après que ce prince se fut séparé de sa première femme, Blanche de Bourgogne, sous prétexte de parenté. Marie mourut en 1324 sans laisser d'enfants.

B. — Marie de Luxembourg, comtesse de Vendôme, dont nous nous occupons ici.

C. — Marie de Luxembourg, duchesse d'Etampes et de Penthièvre, vicomtesse de Martigues, née le 15 février 1562 à Lamballe et décédée le 6 septembre 1623. Elle était fille de Sébastien de Luxembourg-Martigues et de Marie de Beaucaire. Mariée à Philippe-Emmanuel de Lorraine, duc de Mercœur, cette princesse devint mère de Françoise de Mercœur, épouse de César, duc de Vendôme. (Voir notre *Histoire des jetons des Princes de la deuxième Maison de Vendôme*).

D. — Marie de Luxembourg, seconde fille de Henri de Luxembourg, duc de Pinay, pair de France, prince de Tingry..... &, en qui finit la ligne masculine de la Maison de Luxembourg et de Magdeleine de Montmorency, dame de Thoré, de Dongre et de Gandelus.

Cette Marie, dite Marie-Liesse de Luxembourg, princesse de Tinguy, épousa Henri de Levis, duc de Ventadour, pair de France, dont elle n'eût pas d'enfants et mourut en 1660 au monastère des Carmélites de Chambéry, qu'elle fonda.

ou en partie sur plusieurs jetons ou médailles de cette princesse et de ses descendants. Marie avait déjà été mariée à Jacques de Savoie, comte de Romont, dont elle eut deux filles.

De son mariage avec François de Bourbon naquirent six enfants (1) :

1° CHARLES (*), comte puis duc de Vendôme, né à Vendôme le 2 juin 1489, mort en 1538 (2).

2° JACQUES, mort en bas âge.

3° FRANÇOIS (*), comte de Saint-Pol, né à Ham le 6 octobre 1491, mort à Cotignan, près de Reims, le 1er septembre 1545.

4° LOUIS (*), cardinal de Bourbon, né à Ham, le 2 janvier 1493, mort à Paris le 13 mars 1556.

5° ANTOINETTE (*), qui épousa Claude de Lorraine, premier duc de Guise, née à Ham le jour de Noël 1494, morte à Joinville le 20 février 1583.

6° LOUISE de Bourbon, abbesse de Fontevrault, née à La Fère le 1er mai 1495, morte dans son abbaye le 21 septembre 1575.

Marie, demeurée veuve pendant cinquante et un ans, fut tutrice de ses enfants durant leur minorité. Les biens considérables que cette princesse apporta dans la Maison de Vendôme, contribuèrent puissamment, nous l'avons dit, à la prospérité dont jouit le Vendomois au XVIe siècle. Elle fit le partage de ses domaines à son château de la Fère, en Picardie, en 1518, et attribua à l'un de ses fils, François de Bourbon, le comté de Saint-Pol. C'est dans cette résidence, qui était pour elle un

---

(1) François de Bourbon eut encore un enfant naturel, né d'Isabeaut de Grigny et nommé JACQUES de Bourbon.

(2) Nous avons marqué d'un astérisque le nom des personnages dont on connaît les jetons.

séjour de prédilection, bien que ne dédaignant pas le Vendomois, que Marie mourut, le 1er avril 1548, dans un âge fort avancé. Son corps fut transporté à Vendôme pour être inhumé dans la Collégiale, à côté de son mari (1).

Sceau de Marie de Luxembourg

Tout d'abord, nous mentionnerons un fort beau sceau, dont M. Servais, conservateur des Archives nationales, a bien voulu nous communiquer une empreinte très nette en cire rouge (2).

Cette pièce est circulaire, de 75mm de diamètre. Dans le champ, un ange debout aux ailes éployées, vêtu d'une longue robe drapée ; la tête est timbrée d'une croix croisettée et accostée de deux palmes ; les cheveux sont bouffants de chaque côté et accostés eux-mêmes de deux branches feuillues. L'ange tient dans ses mains un écu en losange recouvrant la moitié inférieure du corps et environné d'une guirlande de fleurs. Cet écu est parti, à dextre, de France, à la bande de gueules chargée de trois lionceaux d'argent qui est *Bourbon-Vendôme* ; à senestre, d'argent au lion de gueules, armé, lampassé, couronné d'or, la queue nouée, fourchue et passée en sautoir, qui est *Luxembourg*.

---

(1) Sur le tombeau, se trouvaient deux statues en marbre blanc, représentant : l'une, François de Bourbon, vêtu d'un manteau doublé d'hermines, avec le collier de l'ordre de St-Michel ; l'autre, Marie de Luxembourg, ayant sur la tête une couronne garnie de rayons.

On sait que ces superbes mausolées ont été détruits à la Révolution, mais il en existe encore quelques fragments conservés au Musée de Vendôme.

(2) On trouve mention de ce sceau dans le volume du *Compte-rendu des séances du Congrès archéologique de France, tenu à Vendôme en 1872*, page 343.

Entre plusieurs rangées de grenetis et de filets se trouve la légende dont quelques lettres sont effacées, mais qui peuvent facilement être rétablies :

Les petites lettres indiquent les lacunes de la légende :

s. MARIÆ. DE LVXEMBVRGO. VINDOCINENSIS : SANCTI : PAVLI : LINIACI : AC MARLE : COMITISSA

(Sceau de Marie de Luxembourg, comtesse de Vendôme, de St-Pol, de Ligny (1) *et de Marle).*

Le contre-sceau est également circulaire de 37mm, entouré d'un grenetis entre filets. Il porte un écu en losange identique au précédent, aux armes de Bourbon-Vendôme et de Luxembourg, avec la légende semi-circulaire CONTRA SIGILLVM dans le bas et des rinceaux en hémicycle dans le haut.

(PL. I, fig. 1 et 2).

(*Archives nationales*, S. 4409, n° 2).

Ces deux pièces sont l'œuvre d'un habile artiste de la Renaissance qui a su y introduire des ornements d'une certaine originalité et d'une richesse incontestable. Sur l'écu de Vendôme, la bande aux trois lionceaux recouvre la première fleur de lys ; sur celui de Luxembourg, la queue du lion, fortement poilue, remonte, après sa bifurcation, au-dessus de l'animal, tandis que l'autre partie retombe lattéralement à la suite de son croisement avec la première.

La qualification de comtesse prise par Marie sur le sceau qui vient d'être décrit, indique que son emploi doit remonter à l'époque du mariage avec François de Bourbon, dont le titre n'a jamais été autre que celui de comte de Vendôme. Vu le prix de la gravure, la matrice n'aura pas

(1) *Ligny*, ville du Barrois. — *St-Pol*, ville de l'Artois. — Conf. mon ouvrage sur les *Imitations des Monnaies au type Esterlin*, Nancy, 1871, pages 144 et 149.

été renouvelée après l'érection du comté en duché, alors que Marie prenait sur ses jetons le titre de duchesse douairière, et elle aura continué à se servir de la même empreinte. Ceci explique comment le sceau se trouve appendu à une charte de la duchesse de Vendôme du 4 mars 1522.

Jetons de Marie de Luxembourg

Voici maintenant deux superbes jetons au nom de Marie de Luxembourg :

A. — MARIA ✠ DE ✠ LVCEMBVRGO ✠ COMITISSA :, écu en forme de losange, parti Bourbon-Vendôme et Luxembourg, accosté dans les coins de quatre roses ornées de palmes. La légende commence par une petite couronne et les mots sont séparés par une rose. — ℞ : VINDOCINENSIS : ✠ : ET : ✠ : SANCTI : ✠ : PAVLI : ✠ : Croix ailée, fleuronnée, évidée en quadrilatère, arquée au centre et anglée de quatre fleurs de lis ; une petite couronne occupe, ainsi qu'au droit, la tête de la légende dont les lettres, séparées par une rose, sont les unes en caractères romains, les autres avec la forme onciale.

(Pl. 1, fig. 3)

Cuivre. *Musée de Vendôme ; Cabinet de France.*

Renier Chalon qui a décrit ce jeton (*Rev. num. belge,* 1859. Pl. XIX, fig. 2), en attribuait l'émission à l'atelier de Tournai, mais un document (1) cité par M. de Barthelemy dans les *Mélanges de Numismatique,* 1875 (t. 1,

(1) Documents sur la fabrication des jetons au XIVe, XVe et XVIe siècle. — Analyse de textes des archives de la Cour des Monnaies, conservés aux Archives nationales (Z. 3156 et Bibliot. de la Sorbonne. H. I. 13, no 173. fo 100, ro).

page 245), nous donne, avec l'indication du monnayeur, le lieu et l'époque où il a été frappé.

Voici ce document : *1506, 16 juin. — Permis à Philippot Colin (monnayer de la monnaie de Paris) de faire 600 gectouers de laton pour Mme de Vendôme, où il y a « ung lion sur la moitié et sur l'autre moitié y a une bande où il y a trois petitz lions et trois fleurs de lys deux et une.* »

Et cet autre plus loin (1) : « *1509, 6 février. — Il est permis de faire 200 gectouers d'argent et 8 ou 900 de laiton pour Mme de Vendôme et à ses armes* ».

B. — Le second jeton d'une émission postérieure à la mort de François de Bourbon, comme le précédent, a certainement été frappé après 1515, époque de l'érection du comté en duché-pairie, puisque Marie y prend le titre de duchesse-douairière, avec la couronne ducale au-dessus de l'écu.

Toutes les lettres, au droit comme au revers, sont en caractères romains : MARIE : DE : LVXEMBOVRG : DVCHESSE ; écu losangé parti Bourbon-Vendôme et Luxembourg, surmonté d'une couronne ducale interrompant la légende. — ℟ ✠ DOVAIRIE (re) : DE : VENDOSMOIS : CO : DE : St : POL. — Croix formée de quatre balustres fleuronnés, reposant sur de petits cercles ayant un point au centre et cantonnée de quatre chardons.

(Pl. 1, fig. 4).

Cabinet de France.

Ce jeton, d'une très belle facture, où, comme sur le précédent, Marie se qualifie de princesse de St-Pol, a dû être frappé avant 1518, année de la cession du Comté de St-Pol, au second fils de Marie, François de Bourbon St-Pol.

---

(1) *Loc. cit.*, page 247.

Charles de Bourbon-Vendôme

Comte (1495-1515), puis Duc (1515-1536)

Charles de Bourbon succéda en 1495 à son père François de Bourbon, dans le Comté de Vendôme ainsi que dans toutes les autres possessions. Ce prince, né au château de Vendôme, le 2 juin 1489, y demeura quelque temps sous la tutelle de sa mère, mais il ne tarda pas à en être séparé par ses emplois à la Cour et sa glorieuse participation aux grandes guerres de François Ier. Après la funeste bataille de Pavie, la France, veuve de son roi, appela Charles de Vendôme à prendre en mains le gouvernement de l'Etat, comme premier prince du sang. Toutefois, il se soumit à la régence de Louise de Savoie, mère du roi, et ne retint que la présidence du Conseil qu'il sut diriger d'une main ferme et loyale. Il aida généreusement de ses finances le roi François Ier et fut fait gouverneur de Picardie en 1518, avec résidence à La Fère, où il séjourna fréquemment et où la plupart de ses enfants virent le jour.

Déjà, en 1484, sous le comte François de Bourbon, le Vendomois avait été soustrait à la dépendance de l'Anjou et érigé en pairie relevant directement de la couronne. Une faveur encore plus grande fut accordée à Charles, à l'avènement de François Ier, au mois de février 1515, par l'érection du comté en duché-pairie.

Ses succès militaires lui firent conférer, quelques années plus tard, le cordon de l'Ordre de St-Michel.

Charles mourut à Amiens le 25 mars 1536 et fut enterré à Vendôme dans les caveaux de la Collégiale de Saint-Georges (1), le *Saint-Denys* de la Maison de Bourbon.

---

(1) Ses armes peintes, ainsi que celles de sa femme, sur un vitrail de la Chapelle absidiale de l'Eglise de la Trinité à Vendôme, sont de Bourbon-Vendôme et d'Alençon. On remarque que les trois lionceaux formant

Sa devise était : *Nunc lucet omnibus.*

On connaît de Charles plusieurs jetons d'un assez beau style.

A. — C'est d'abord un jeton anonyme dont l'usage pour la Cour des Comptes est indiqué en toutes lettres (1). D'un côté, croix fleuronnée dont le centre est formé d'un quadrilatère évidé avec quatre branches de feuilles élargies et trilobées, garnies dans chacun des cantons d'un monogramme composé des lettres **F** et **R** liées ensemble. Il y a une croix en tête de la légende dont les mots sont séparés par deux points : + POVR : LA : CHAMBRE : DES : COMPTES :· (sic), lettres en caractères romains.

De l'autre côté, la légende se complète ainsi : + DE : MONSIG ... : LE : CONTE : DE : VENDOSME :, avec une croix en tête et deux points entre chaque mot ainsi qu'à la fin. Dans le champ est l'écu de Bourbon-Vendôme, surmonté d'une *simple couronne de comte* avec perles, sans ornements, et accosté des mêmes lettres **F** et **R** reliées en monogramme comme sur le premier côté. La bande de l'écu broche sur la première fleur de lys et est chargée des trois lionceaux d'argent.

(Pl. II, fig. 5).

Cuivre. *Musée de Vendôme.*

---

brisure sur la bande des armoiries des princes de Bourbon-Vendôme, ont disparu, ce qui arriva, ainsi que nous l'avons déjà dit, à l'époque où Charles demeura chef de la Maison de Bourbon en 1527, après la mort du Connétable. Les armes d'Alençon étaient de *France à la bordure de gueules, chargée de huit besants d'argent.*

(1) Il est mentionné, dans le *Bulletin de la Soc. arch. du Vendomois*, année 1883, page 238, comme faisant partie de la collection de M. Bouchet, bibliothécaire à Vendôme, et est attribué par lui au Comte François.

La suivante est décrite dans le même Recueil, année 1866, page 139.

B. — La seconde pièce est d'une facture analogue et porte le mot *DVC* au lieu de *CONTE*. Nous considérons, ainsi que sur la précédente, le côté de la croix comme étant celui du droit, à cause de la légende qui commence évidemment sur cette face et complète celle du côté de l'écu, qui serait alors le revers : + POVR : LA : CHAMBRE : DES : COMPTES ; croix formée d'un losange à deux traits contigus, centrés d'un point et se terminant à chacun des quatre angles par un large fleuron avec le monogramme des deux lettres **F** et **R**, comme ci-dessus disposées dans chaque canton. — ℟ + DE : MONSIGNEVR : LE : DVC : DE : VENDOSME : ; aux armes de Bourbon surmontées de la couronne *ducale* dans le champ et accostées de chaque côté par le monogramme **F R** déjà indiqué. La bande de l'écu broche sur la première fleur de lis et est encore brisée de trois lionceaux.

(Pl. II, fig. 6).

Cuivre. *Musée de Vendôme.*

C. — Enfin, une autre pièce signée du nom de Charles, duc de Vendôme, va nous permettre de préciser les attributions de chacune des pièces précédentes.

CHARLES. DVC. —— DE VENDOSMOYS, écu de Bourbon, surmonté de la couronne ducale occupant le haut du contour et entouré du cordon de St-Michel, dont la plaque traverse le bas de la légende. Ici la bande, réduite à l'état d'une simple cotice, sans brisure, est recouverte par la première fleur de lys. — ℟ + PER. DE. FRANCE. CONTE. DE. MARLE. ET. S. (*Soissons*), croix formée de quatre balustres fleuronnés partant d'un petit cercle centré d'un point, et cantonnés de quatre **F** et **R** majuscules, toujours liés ensemble. La légende continue celle du droit et rappelle quelques-uns des titres de Charles, écrits selon l'orthographe du temps : *pair de France, comte de Marle etSoissons* (1).

(Pl. II, fig. 7).

Cuivre. *Ma Coll. Cab. de France. Musée de Vendôme, etc.*

L'auteur de ce dernier jeton ne saurait présenter de doutes, et il s'agit bien ici du duc Charles de Vendôme,

---

(1) *Marle* était une place militaire de Picardie avec le titre de Comté, qui, de même que celui de Soissons, passa dans la Maison de Luxembourg par le mariage de Jeanne de Bar, fille unique de Robert de Bar, avec Louis de Luxembourg, connétable de France. Ce comté échut à la Maison de Bourbon-Vendôme, lors du mariage de Marie, ainsi que nous l'avons vu plus haut. Il devint plus tard l'apanage d'Antoine, roi de Navarre, qui prit aussi le titre de comte de Marle. A l'avènement de Henri IV au trône, cette terre, comme tous les biens patrimoniaux de la Maison de Bourbon, revint à la couronne. Plus tard, elle fut aliénée à la Maison de Mazarin.

L'origine du Comté de *Soissons* remonte au démembrement qui s'opéra dans les possessions de l'empire de Charlemagne à la mort de Pépin, son second fils. Vers la fin du Xe siècle, on cite un Guy, comte de Soissons, dont la petite fille, héritière du Comté, épousa Guillaume d'Eu, comte d'Yesmes. Leur postérité directe posséda cette terre jusqu'en 1397, époque à laquelle Guy de Chatillon, comte de Soissons, fait prisonnier à la bataille de Soissons, racheta sa liberté par le don qu'il fit de son comté à Enguerrand de Coucy, gendre du roi d'Angleterre. Marie de Coucy, fille d'Enguerrand et héritière du Comté de Soissons, épousa Henri de Bar; puis, devenue veuve, elle le vendit à Louis d'Orléans par contrat du 13 mai 1404. — Le roi Charles VI, frère de Louis, érigea cette terre en comté-pairie par lettres du 22 du même mois. Mais bientôt Robert de Bar, fils de Marie, intenta un procès pour cette vente, procès qui finit par une transaction en vertu de laquelle Robert aurait la moitié du Comté de Soissons qu'il posséderait par indivis avec Charles d'Orléans, fils de Louis.

Robert de Bar épousa Jeanne de Béthune, V[sse] de Meaux. Ils eurent une fille également nommée Jeanne, mariée à Louis de Luxembourg, Cte de St-Pol, qui ajoute à ses qualités celle de Cte de Soissons. Leur fils Pierre eut, de Marguerite de Savoie, son épouse, une fille unique, Marie de Luxembourg, comtesse de St-Pol et de Soissons, laquelle, mariée en secondes noces avec François de Bourbon, apporta dans la Maison de Vendôme les grands biens qu'elle tenait de sa famille.

dont le nom et le titre sont inscrits en toutes lettres. Pour les deux premiers, les droits sont identiques comme dessin et comme légendes, malgré de légères différences de points ou de gravure de lettres. Mais les revers (côté de l'écu) sont absolument différents. Le second porte une couronne ducale ornée de feuilles de trèfles et on lit dictinctement sur la légende le mot « duc », qui ne peut se rapporter qu'à Charles ; sur le premier, la couronne est simplement garnie de perles représentant celle du comte, titre mentionné sur la légende.

On s'explique comment, pour combler la lacune existant dans la numismatique de François de Vendôme, quelques savants ont été tentés de lui attribuer ce jeton, sur lequel les deux lettres **F R** rappelleraient le chiffre de ce prince. Mais cette assertion doit être combattue et les deux pièces ont certainement été frappées par le même personnage Charles de Vendôme, l'une à l'époque où ce prince n'était encore que comte, c'est-à-dire *avant* 1515, l'autre après l'érection du Vendomois en duché. Le monogramme **F R** rappellerait le nom de Françoise d'Alençon, épouse de Charles, et aurait pu être maintenu sur la seconde en l'honneur de la duchesse et à la fois en celui du roi François Ier, par reconnaissance de l'érection du Comté en Duché. C'était d'ailleurs un fréquent usage de faire figurer sur les monuments de ce genre le nom ou les armes de celui dont on se reconnaissait le vassal, le fidèle serviteur, ou simplement l'obligé.

Quoi qu'il en soit, l'époque de l'émission des jetons de Charles peut être facilement circonscrite d'après les documents précis signalés par M. de Barthélemy (1) et que nous reproduisons ici :

---

(1) *Mélanges de Numismatique*, t. I, pag. 249 et 252.

« *1514, 9 novembre.— Permis à Guillaume DEMAY,*
« *graveur, de tailler une pile et un trousseau aux armes*
« *de* Mgr *le Comte de Valois et de Bretagne, Comte*
« *d'Angoulême, et une pile et un trousseau pour* Mgr le
« Comte de Vendôme ; *plus de faire 30 gectouers*
« *d'argent pour ce dernier* ».

« *1520. — G. DEMAY grave les coins de 200 gectons*
« *d'argent pour* M^r^ *et* Mme *de Vendôme* ».

Une inspection même sommaire de nos deux pièces permet en effet de constater une main identique pour la gravure des coins. La question d'attribution peut donc être considérée comme résolue et trouvera d'ailleurs sa confirmation dans un jeton de Françoise d'Alençon que nous allons décrire.

Françoise d'Alençon

Comtesse, puis Duchesse de Vendôme (1513-1550)

Charles avait épousé, le 18 mai 1513, à Châteaudun, Françoise d'Alençon, fille de René, duc d'Alençon, et veuve en premières noces de François II, duc de Longueville.

Ils eurent treize enfants, qui sont :

1° Louis, comte de Marle, né à La Fère en 1514, mort en 1516.

2° Antoine (*), roi de Navarre et duc de Vendôme, dont nous parlons plus loin.

3° François (*), comte d'Enghien, le vainqueur de Cérizolles, né à La Fère le 23 septembre 1519, mort d'accident, sans alliance, au château de la Roche, le 23 février 1545, inhumé dans la Collégiale de Vendôme.

4° Louis, né à La Fère en 1522, mort en 1525.

5° Charles (*), cardinal de Bourbon (1), le premier du nom comme archevêque de Rouen, né à La Ferté-sous-Jouarre, en Brie, le 22 décembre 1523, décédé le 9 mai 1590. — C'est lui que l'on désigne du nom de Roi de la Ligue.

6° Jean, comte de Soissons, d'Enghien, duc d'Estouteville, etc., né à La Fère le 6 juillet 1528, marié à Marie,

---

(1) Le plus ancien cardinal de Bourbon du nom de Charles fut archevêque de Lyon en 1446. Il appartenait à la branche aînée de la Maison et naquit, en 1434, de Charles, comte de Clermont, qui devint duc de Bourbon en 1433 à la mort de son père Jean Ier de Bourbon, le prisonnier d'Azincourt. Sa mère était Agnès de Bourgogne, fille de Jean-sans-Peur et de Marguerite de Bavière.

fille de François de Bourbon, duc d'Estouteville, comte de St-Pol, son oncle, mort d'accident le 10 août 1577.

7o Louis de Bourbon (*), tige de la branche de Condé, né à Vendôme le 7 mai 1530, tué à Jarnac le 13 mars 1569.

8o Marie de Bourbon, née à La Fère en 1515, morte sans alliance au même lieu le 28 septembre 1538.

9o Marguerite, épouse de François de Clèves, duc de Nevers, née à Nogent le 26 octobre 1516, et morte en Berry le 20 octobre 1589. Elle fut belle-mère du duc de Guise, dit le Balafré.

10o Magdeleine, née à La Fère le 3 février 1520, religieuse de Fontevrault, puis abbesse de Ste-Croix, de Poitiers, où elle mourut.

11o Catherine, née au château de Deffans, en Bourbonnais, le 18 septembre 1525, mourut le 27 avril 1594, abbesse de Notre-Dame de Soissons.

12o Renée vint au monde à St-Germain-en-Laye, le 6 février 1527; mourut abbesse de Chelles le 9 février 1583.

13o Eléonore de Bourbon-Vendôme naquit au château du Louvre, à Paris, le 18 janvier 1532; morte abbesse de Fontevrault le 26 mars 1564 (1).

Françoise d'Alençon survécut à son mari environ treize ans. Elle aussi avait apporté de grands biens dans la Maison de Bourbon-Vendôme. Ce fut en sa faveur que les baronnies de Château-Gontier, La Flèche, *Beaumont*, les seigneuries de Ste-Suzanne, Sonnoy et Peroy furent érigées en duché sous le nom de Beaumont, par lettres données à Ste-Ménéhould en septembre 1543 (2). Cette

---

(1) Outre ces enfants légitimes, Charles de Vendôme eut encore un fils, nommé Nicolas-Charles de Bourbon et de Board, issu de sa liaison avec Nicole de Board, de la ville de Gand.

(2) *Beaumont-sur-Sarthe* est aujourd'hui un chef-lieu de canton du département de la Sarthe : c'est une petite ville de 2000 habitants

princesse mourut en son château de La Flèche, en Anjou, le 24 septembre 1550, âgée d'environ 60 ans; elle fut enterrée à Vendôme, à côté de son mari, dans le caveau des Bourbons de l'Eglise collégiale.

Il existe plusieurs jetons d'un très bon style Renaissance, portant le nom de Françoise d'Alençon. Le plus ancien serait :

A. — ✠ FRANÇOISE — DALENCON ✠. Une petite rose commence et termine la légende qui est coupée, dans le haut de la pièce, par une couronne ducale surmontant l'écu parti de Bourbon-Vendôme et d'Alençon. Cet écu est de forme ordinaire, entouré d'une cordelière d'où pend un gros gland séparant les deux mots de la légende dans le bas.

℟. — DVCHESSE ⁑ DE ⁑ VENDOSMOIS, une fleur de lis, accostée de deux petites étoiles de chaque côté, occupe le haut de la pièce et les mots sont séparés de même par deux petites étoiles superposées. Dans le champ, une croix formée par quatre balustres évidés, terminés par un ornement tréflé et s'appuyant au centre sur un cercle centré d'un point. Dans chaque canton de la

---

environ qui a conservé une partie de son donjon du XIe siècle et une motte féodale très importante.

Cette terre était autrefois vicomté et portait pour celà le nom de Beaumont-le-Vicomte. Les premiers seigneurs remontent au XIe siècle et se poursuivent jusqu'à Louis de Brienne, fils puîné de Jean de Brienne, roi de Jérusalem et empereur de Constantinople, qui devint vicomte de Beaumont par son mariage avec Agnès de Beaumont, fille de Robert, vicomte de Beaumont, en Maine.

Une de ses descendantes, Marie Chamaillart, vicomtesse de Beaumont, épousa, en octobre 1371, Pierre, comte d'Alençon, qui mourut en 1404. Jean, leur fils, fut tué à la bataille d'Azincourt en 1415. Le fils de celui-ci, Jean II, père de René comte du Perche, mort en 1492,

croix, on retrouve le monogramme formé des deux majuscules **F R**, liées ensemble comme sur les jetons de Charles.

(Pl. II, fig. 8).

Musée de Cluny.

Nous observerons que les lettres des légendes dépassent comme grandeur les dimensions ordinaires.

B. — FRANCOYSE. D (ouairière). DVCHES. DE. VEND. ET. BEAVM : ; écu en losange parti de Bourbon et Alençon, surmonté d'une couronne ducale et entouré de la cordelière de veuve; la tête de la légende est occupée par une sorte de fleuron remplaçant la petite croix ordinaire. — ℟. ✠ DIEV. EST. LA. FIN. DE. MON. COMPTE. Croix formée de quatre balustres découpés, fleuronnés à chaque extrémité, s'appuyant au centre sur une rosace avec une **F** majuscule dans chaque canton ; les mots sont séparés par un point et une sorte de fleuron occupe la tête de la pièce.

(Pl. II, fig. 9).

Diam. 26mm. Arg. et Cuiv. *Cabinet de France.*

---

laissa deux enfants : un fils, Charles, mort sans postérité, et une fille Françoise, laquelle, veuve de François d'Orléans-Longueville, épousa en 1513 Charles de Bourbon-Vendôme et transmit ainsi la Vicomté à la Maison de Bourbon.

Cette vicomté était composée de Beaumont, Fresnai, Ste-Suzanne, La Flèche, Château-Gontier, Poncé et quelques autres enclaves dans le Maine et l'Anjou. Elle fut érigée en duché par François Ier en 1543, avec deux sièges de justice, l'un à La Flèche, l'autre à Beaumont. Henri IV fit de la ville de La Fléche la capitale du duché de Beaumont.

Divers auteurs ont confondu les Maisons de Beaumont, car il existe plusieurs localités de ce nom en France et même dans le Maine, en Normandie, en Auvergne, en Dauphiné... &.

Voyez : Moréri, t. II. — P. Anselme, t. V. — *Dict. univ. de la France*, t. II.

C. — Il existe au Cabinet de France une variété de cette pièce absolument du même type comme dessin et comme légende, mais d'un module un peu différent et qui se distingue par la forme de la couronne.

De plus, comme sur la pièce précédente, la rose centrale du revers porte un point au-dessous de chaque **F** ; enfin, le mot VEND. du droit n'est pas précédé d'un point.

(Pl. II, fig. 10).

Diam. 30mm. *Cabinet de France.*

La devise, qui se trouve au revers de ces deux pièces, se lit également sur un jeton anonyme de Henri de Bourbon-Vendôme, qui fut Henri IV, et frappé en 1565 (1).

(1) Schlumberger et Blanchet, *Jetons du Béarn*, t. II, page 58.

Antoine de Bourbon

Duc de Vendôme (1536-1562)

Antoine de Bourbon, roi de Navarre, prince de Béarn, duc de Vendôme, de Beaumont et d'Albret, comte de Marle, etc., gouverneur de Picardie, gouverneur et amiral de Guyenne, chevalier de l'ordre de St-Michel, naquit à la Fère-sur-Oise le 22 avril 1518 (1). Il fit ses études au collège de Navarre, à Paris, et eut pour professeur Jean Hennuyer, célèbre théologien, devenu plus tard évêque de Lisieux (2).

---

(1) *La Fère*, dont il a déjà été question, aujourd'hui chef-lieu de canton du département de l'Aisne, au confluent de la Serre et de l'Oise, faisait partie des domaines de la Maison de Vendôme, comme portion de la Picardie, apportée en dot à cette Maison par Marie de Luxembourg. C'était une ville forte où le père d'Antoine résidait souvent en qualité de gouverneur de la province. Elle était également le siège d'une Cour des Comptes établie en 1560 pour connaître les affaires financières des fiefs des princes de Vendôme situés en Picardie. Ces hauts personnages avaient en outre deux autres Cours des Comptes : celle de Vendôme pour les fiefs du centre de la France et une autre dans le Midi pour les provinces de Béarn et de Navarre. — Voir Blanchet. *Jetons de la famille des princes de Navarre.* — Confronter également un article sur La Fère de M. Poissonnier, inséré dans les *Mémoires du Comité archéologique de Noyon* (t. V., page 244).

(2) Jean Hennuyer, né à St-Quentin, diocèse de Laon, en 1497, exerça les fonctions de sous-maître au Collège de Navarre, de 1530 à 1537, et fut en cette qualité professeur d'Antoine de Bourbon. En 1538, il prit sa licence en théologie et son doctorat l'année suivante; après avoir obtenu le bonnet, on lui confia la direction de Ch. de Bourbon, le futur cardinal, archevêque de Rouen, et de Ch. de Lorraine, qui devint archevêque de Reims et cardinal en même temps. D'après Ste-Marthe, Hennuyer fit profession dans l'ordre de St-Dominique en 1553, puis devint confesseur du roi. En 1557, il fut nommé à l'évêché de Lodève et transféré, l'année suivante, à celui de Lisieux. On croit qu'il y mourut en 1577 ou 1578.

D'abord comte de Marle, puis duc de Beaumont du chef de sa mère Françoise d'Alençon, Antoine devint duc de Vendôme le 25 mars 1536, à la mort de son père, et épousa, à Moulins, en octobre 1548, Jeanne d'Albret, fille de Henri II d'Albret, roi de Navarre, dont il eut :

1° Henri de Bourbon, duc de Beaumont, né à La La Flèche le 21 septembre 1551 et décédé dans cette ville à l'âge de trois ans.

2° Henri de Bourbon (*), qui devint roi de France.

3° Louis-Charles de Bourbon, comte de Marle, né au château de Gaillon, en Normandie, le 19 février 1554, mort en tombant d'une fenêtre par suite de l'imprudence de sa nourrice.

4° Catherine de Bourbon (*), princesse de Navarre, duchesse d'Albret, née à Paris le 7 février 1558, morte à Nancy le 13 février 1604, épouse de Henri de Bar, héritier du duché de Lorraine.

Antoine et son épouse passèrent, tantôt à Vendôme, tantôt à La Flèche, les premières années de leur mariage et laissèrent, dans les contrées du Vendomois, de nombreux souvenirs, entre autres à Prépatour, rendez-vous de chasse sur les bords du Loir, ainsi qu'à la Bonne-Aventure, lieu affectionné par Henri IV, où Rabelais et Ronsard étaient les familiers du logis.

A la mort de Henri d'Albret, survenue le 25 mai 1555, Antoine prit le titre de roi de Navarre et fut nommé gouverneur et amiral de Guyenne à la place de son beau-père. A dater de cette époque, Antoine résida peu dans le Vendomois. Entraîné dans les luttes de parti, il se fit tantôt catholique, tantôt huguenot, selon les occurences, réglant sa religion sur sa politique, plutôt que sa politique sur sa religion. C'était, suivant de Thou : « Un prince de « bonne mine, d'un esprit noble et généreux, qui aimait « le droit et la justice, se laissant emporter au plaisir, à

« quoi il avait une puissante inclination » (1). On cite beaucoup ses relations avec Louise de la Béraudière, dame d'honneur de la reine-mère (2). Il en eut un fils CHARLES, qui devint archevêque de Rouen [IIIe du nom] après la mort des deux Charles, cardinaux archevêques de la même ville, l'un son frère naturel, l'autre son neveu.

En 1562, mis à la tête de l'armée, qui combattit en Berry et en Normandie, il reçut un coup de mousquet au siège de Rouen et mourut des suites de sa blessure aux Andelys, le 27 septembre. Son corps, transporté à Vendôme, fut inhumé dans le caveau des Bourbons de la Collégiale de St-Georges.

Sa devise était : « *Nec astra, nec torret hiems* » ; celle de sa femme, Jeanne d'Albret : « *Gratia Dei sum quod sum* ».

Les jetons frappés par Antoine pour l'usage de la Cour des Comptes offrent des variétés qui ont passé inaperçues jusqu'à ce jour et qui attestent une fabrication importante et prolongée. En voici quelques-unes :

---

(1) Conf. les lettres d'Ant. de Bourbon, publiées par M. DE ROCHAMBEAU et analysées par L. MARTELLIÈRE (*Bulletin de la Soc. arch. du Vendomois*, 1878, pag. 13). Ces lettres nous montrent Antoine inconstant, léger, prodigue, ne songeant qu'au plaisir quand il n'était pas à la bataille ; flottant d'un parti à l'autre, changeant de religion et de conviction avec une égale facilité, général incapable malgré sa bravoure, politique crédule et vacillant, jouant de toutes les séductions et de toutes les promesses, malgré les protestations de fidélité et d'amour données à sa femme. Les demoiselles de la Cour lui semblent toutes laides et fâcheuses ; elles ne pourront jamais avoir aucune puissance sur lui, sinon pour les haïr et les détester. On sait ce qui advint plus tard de ces belles promesses.

(2) Catherine de Médicis s'était entourée d'un grand nombre de très belles personnes, connues sous le nom de *dames d'honneur* ou de *filles de la Reine*, dont la perfide princesse se servait pour nouer des intrigues pouvant favoriser ses desseins. BRANTOME dit que le nombre de ces suivantes s'élevait quelquefois jusqu'à trois cents.

A. — ANTOINE. DVC. — DE. VENDOSMOYS ; dans le champ l'écu de Bourbon dont la première fleur de lis broche sur la bande réduite à l'état de cotice. Cet écu est surmonté de la couronne ducale qui empiète sur le contour de la légende au haut de la pièce et qui est entouré du collier de l'ordre de St-Michel, dont la médaille coupe le bas de la légende.

℟. + PER. DE. FRANCE — CONTE. DE. MARLE. ET. S (*oissons*), comme sur le jeton de Charles décrit plus haut. Dans le champ se trouve une sorte de griffon dirigé à gauche dans l'attitude de la défense, posé sur une terrasse de gazon, la gueule entr'ouverte, la langue en dehors, les poils du dos hérissés, la patte droite de devant levée ; enfin la queue ramenée entre les deux pattes de derrière.

(Pl. II, fig. 11).

Cuivre. *Musée de Vendôme. Collection* Richard de Paris.

B. — Variété de cette pièce sur laquelle la patte du griffon est levée horizontalement au niveau de l'épaule, mais sans la dépasser.

Cuivre. *Musée de Vendôme.*

C. — Autre variété sur laquelle l'S final de la légende de face est plus petit que les autres lettres et les surmonte dans le mot VENDOMOY^{S} ; un point précède le nom d'Antoine. — Au revers, la légende se termine par ... MARLE. S. La patte de devant du griffon est horizontale ou peu inclinée; les doigts des pattes sont nettement écartés et le bout de la queue offre trois mèches distinctes. Enfin, les lettres des légendes ont un caractère plus moderne.

(Pl. II, fig. 12).

Cuivre. *Musée de Vendôme.*

D. — Autre variété offrant le même revers, mais la face porte la légende de la pièce **A**.

Musée de Vendôme. Ma Collection. Cabinet de France. (Arg. et cuiv.)

E.— Une dernière variété présente comme **C**, l'S relevé dans le mot Vendomois et se termine, au revers, par SOI au lieu d'un S simple.

Cuivre. *Musée de Vendôme.*

Ces diverses variétés se distinguent, en outre, par un aspect particulier, par des lettres qui sont plus ou moins finement gravées indiquant par là même des frappes différentes.

L'animal représenté sur tous ces revers ne saurait être pris pour un lion ou un tigre; sa forme est tout à fait fantastique et doit faire allusion, croyons-nous avec Bouchet, à ces monstres mythologiques, gardiens des trésors (1).

Nous ne saurions assigner positivement la date de l'apparition de ces jetons, mais à en juger par leur style analogue à celui des pièces de Charles, père d'Antoine, on peut présumer que leur émission est contemporaine du début du règne de ce dernier, celui-ci ne prenant encore que le titre de duc de Vendôme, qu'il possédait depuis 1536, n'ayant pu se qualifier de roi de Navarre qu'en 1555, après la mort de son beau-père. Il en résulte

---

(1) C'est un usage très ancien de préposer, pour ainsi dire, des animaux à la garde des portes. Tantôt c'étaient des sphynx, tantôt des griffons, des chimères, mais surtout des lions (Batissier, *Eléments d'Archéologie*, page 498).

Le jardin des Hespérides était gardé par un dragon ailé (*Jetons de Louis-Joseph de Vendôme*, pl. II, fig. 7). — Nous pourrions citer bien d'autres exemples.

que c'est entre ces deux dates que doit être placée la fabrication et l'émission de ces jetons (1).

L'Hôtel des Monnaies de Vendôme, fermé depuis de longues années, et dont il ne reste plus rien aujourd'hui, sinon la rue qui en porte le nom, a-t-il été le lieu de fabrication de ces jetons? C'est ce qu'il est difficile de décider. Quant au siège de la gravure de la matrice, tout porte puissamment à croire que ce fut Paris, d'après les documents découverts par M. de BARTHÉLEMY et cités précédemment.

---

(1) Il existe plusieurs autres jetons d'Antoine propres à la Navarre et au Béarn et qui ne portent aucune indication vendomoise. Ils ont été décrits par M. BLANCHET, dans son opuscule sur les jetons du Béarn. De plus, dans l'ouvrage de ce dernier, en collaboration avec M. SCHLUMBERGER, on retrouve, outre les jetons, plusieurs grandes et belles médailles, auxquelles nous pouvons joindre celle de la collection d'HANNEVILLE, indiquée dans le catalogue publié par ROLLIN en 1858.

On peut se reporter également à DEBIE, bien qu'avec certaines réserves, ainsi qu'au catalogue de la collection JANSÉ, paru en 1866.

Jeanne d'Albret

Duchesse de Vendôme (1548-1562)

Jeanne d'Albret, femme d'Antoine, née le 7 janvier 1528 et morte à Paris le 9 juin 1572, ne fit que de courtes apparitions dans le Vendomois après la mort de son mari dont elle gouverna les états héréditaires sous le nom de son fils mineur, Henri de Bourbon. Son influence se manifesta dans notre pays par la protection qu'elle accorda aux protestants et les divisions fâcheuses qui en furent la conséquence. Retirée le plus souvent dans son petit royaume de Navarre, elle y fit preuve d'une habile finesse et d'une sage fermeté d'administration.

A propos d'un séjour fait à Vendôme par Jeanne d'Albret pendant son veuvage, on peut citer, comme document numismatique, l'extrait d'un « édit de cette princesse concernant la fabrication des écus d'or, édit donné à Vendôme le 21 novbre 1565 » et existant aux archives des Basses-Pyrénées (1).

Bien que décédée à Paris et malgré les dispositions prises pour transporter son corps en Béarn, Jeanne fut inhumée à Vendôme, dans la Collégiale St-Georges, à côté du duc Antoine.

Les jetons qu'elle frappa ont tous un type et des légendes qui les éloignent du Vendomois et en font, comme plusieurs de son mari, des monuments métalliques essentiellement Béarnais (2).

Nous n'avons donc pas à nous en occuper ici.

---

(1) *Hist. monét. du Béarn*, t. I, page 168.

(2) Se reporter aux ouvrages cités plus haut, de BLANCHET, — de SCHLUMBERGER et BLANCHET, — et de LONGPÉRIER.

Henri de Bourbon

Duc de Vendôme (1562-1589)

Après la mort d'Antoine, le Vendomois eut pour duc titulaire Henri de Bourbon, son fils aîné, qui devait être Henri IV. Ce prince naquit à Pau le 13 décembre 1553 (le 14, suivant M. de ROCHAMBEAU). Il s'appela d'abord comte de Marle, puis duc de Beaumont, duc de Vendôme, seigneur de Béarn et en 1562 prince de Navarre. Enfin, au décès de Jeanne d'Albret, sa mère, en 1572, il prit la qualité de roi de Navarre, titre que nous voyons apparaître sur la plupart des jetons dont nous allons donner la description.

Henri, dont toute la vie s'écoula dans le midi de la France, berceau de sa jeunesse, ou dans les environs de la capitale après son couronnement, ou enfin dans les camps, ne s'occupa de son duché de Vendôme que pour le démembrer et en faire de l'argent afin de payer les dettes énormes qu'il avait contractées pendant les guerres civiles qui précédèrent ou suivirent son avènement au trône. Maisons, terres, métairies, forêts, furent vendues ou aliénées, si bien que le château de Vendôme ne conserva qu'un maigre apanage composé, outre son enceinte, d'une partie de la forêt près de la ville et d'un étang voisin, dit du Berger, dont les revenus ne tardèrent pas à devenir insuffisants pour pourvoir à l'entretien des bâtiments et remplir les charges du domaine. Devenu roi, Henri eût bientôt à regretter les effets de ces aliénations et chercha à les atténuer, au prix de lourds sacrifices, lorsqu'il donna le Vendomois en apanage au fils qu'il avait eu de Gabrielle d'Estrées, César de Vendôme.

Comme Henri avait plusieurs patrimoines distincts servant repectivement de gages à ses créances, ne différant souvent que par leur date, les dettes pour avances ou fournitures étaient vérifiées par la Chambre des Comptes du domaine compétent et spécialement par celle de La Fère, qui toutes faisaient usage de jetons frappés aux armes du seigneur souverain. Ce sont ces pièces dont nous allons donner la description, en tant que concernant le Vendomois, et nous renverrons aux ouvrages indiqués plus haut pour les jetons de la Navarre et du Béarn.

A. — + HEN. P. L. G. D. D. PR. D. NA. D. D. V. D. B. C. D. MA. 1569. — (*HENri, Par La Grâce De Dieu, PRince De NAvarre, Duc De Vendôme, De Beaumont, Comte De MArle*). Dans le champ sont les armes de Navarre, *de gueules aux chaînes d'or posées en croix, sautoir et orle* (1).

℟. — ✠ POVR. LA. C. D. C. ORDO. A. LA. FERE. SVR. OYSE. MP. (*POVR LA Chambre des Comptes ORDOnnés A LA FÈRE-SUR-OYSE*.— Ecu de Bourbon surmonté de la couronne ducale et entouré du collier de l'ordre de St-Michel.

Ce jeton est de petit module, diam. 25mm, et en cuivre.

(Pl. III, fig. 13).

Cabinet de France. Collection Dulac *à Compiègne.*

Sur cette pièce, comme sur toutes celles qui vont suivre, la cotice ou bande ne broche pas sur les fleurs de lis ; elle les cotoie simplement au milieu de l'écu.

Le monogramme M. P. qui termine la légende du revers est, croyons-nous avec M. Blanchet, l'accouplement des initiales de Pierre Merigot, graveur à Paris (2).

---

(1) Pour l'origine et la signification des chaînes de Navarre, consulter Blanchet, *Monnaies du Béarn*, pages 79 et suiv.

(2) Pierre Merigot, graveur logé au Palais sur les Grands Degrés,

Les lettres séparées par un point, que nous voyons se succéder avec une sorte de profusion sur ce jeton comme sur plusieurs autres qui vont suivre, justifient une remarque que nous faisions en commençant relative à l'incertitude qui devait régner dans la classification de ces pièces, au sujet des villes ou provinces qui pouvaient en revendiquer l'attribution.

B. — + HENRI. P. L. G. D. D. PRI. D. NA. D. D. V. D. B. C. D. MA. (Cette légende s'interprète comme celle de la pièce précédente) ; au centre, écu carré aux armes de Navarre, dans un encadrement de rinceaux, avec la date 1569 au-dessous.

℟. POVR. LA. CH. D. C. ORD — O. A. LA. FERE. SVR. OYSE MP. (*POUR LA CHambre Des Comptes, Ordonnés A LA FÈRE-SUR-OYSE*). — Ecu de Bourbon couronné et entouré du collier de St-Michel dont la médaille coupe la légende entre le D et l'O.

(Pl. III, fig. 14).

Diam. 28mm.

Ce jeton, de module ordinaire, est tout à fait rare et inédit ; il existe en cuivre au Musée de Vendôme.

---

né en 1510 à Paris, frappa, de 1569 à 1573, des jetons pour la Cour des Monnaies et en 1588, un jeton pour le chapitre de N. D. du Puy.

Investi de la confiance des généraux-maîtres de la Monnaie de Paris, il figure dans de nombreuses expertises avec Claude de Hary, graveur général, Jean Beaucousin, graveur particulier de la Monnaie ordinaire au marteau et Alexandre Olivier, graveur du Moulin.

En 1590, un Pierre Merigot prit part au concours du *franc d'argent*, à l'effigie du Cardinal de Bourbon, roi de la Ligue. S'il n'y a eu qu'un seul Pierre Merigot, cet artiste aurait travaillé jusqu'à l'âge de quatre-vingts ans. (Ext. du travail de Barre sur *les graveurs et contrôleurs généraux des Monnaies de France*, inséré au t. II de l'*Annuaire de Numismatique*, 1867, page 176).

Les jetons de la Chambre des Comptes de La Fère ont dû être frappés à Paris. M. Blanchet, en effet, dans son traité monétaire de Béarn, indique en pièces justificatives (n° XLVII, pag. 197) un traité passé avec Jean Beaucousin, tailleur de la Monnaie à Paris, pour la gravure de jetons d'argent aux armes et à l'effigie de la Reine de Navarre. Ces coins avaient été commandés en 1565 « *par Michel* « *Pommereu, trésorier et receveur général de la reine* « *de Navarre et de Monseigneur le prince son filz, en* « *leurs terres de Picardye et de Flandres.* » L'année indiquée sur les jetons de La Fère-sur-Oyse, portant le buste de la Reine, est bien 1565. Il est permis de supposer que les autres jetons de La Fère, aux armes seules et au nom de Henri de Bourbon, sont du même artiste et auraient été faits sur l'ordre du même trésorier et receveur général. L'activité de la Chambre des Comptes de La Fère, à cette époque, ressort encore de l'inventaire des poinçons de la Monnaie de Paris en 1698, qui mentionne « *le poinçon ayant servi à marquer des carrés pour frapper des jetons de Jeanne pour La Fère en 1565.* »

Passons maintenant à la description des jetons frappés pour la Chambre des Comptes de Vendôme.

C. — HENRI. P. L. G. D. D. P. D. NAV. D. D. V. ET. D. B. C. D. MAR. 1571 ; même signification des lettres que sur la pièce précédente ; dans le champ, carré des chaînes de Navarre, sans entourage de rinceaux. — ℞. POVR. LA. CHAMBRE. DES. COPTES. A. VEDOS. ⌘ MP. Ecu de Bourbon avec la couronne ducale fleurdelisée et le collier de l'ordre de St-Michel, dont la médaille occupe le bas de la légende entre E et D, comme sur la pièce précédente.

(Pl. III, fig. 15).

Cuivre. Diam. ord. 30mm. *Cabinet de France.*

Ce jeton, comme les précédents, est de Pierre Merigot.

Jeanne n'étant morte qu'en 1572, Henri n'était encore que prince de Navarre en 1571. A cette époque, il fit avec sa mère, plusieurs séjours dans le Vendomois.

D.— HENRICVS. D. G. REX. NAVAR. DOM. BEARN. DVX. VINDOC. ECT. (*HENRICUS Dei Gratia REX NAVARæ, DOMinus BEARNensis, DUX VINDOCinensis*).

La légende, ici, commence au bas de la pièce à gauche et se continue vers la droite en entourant l'écu de Henri qui est surmonté d'une couronne royale fermée. Le mot ECT *(et cætera)* qui termine la légende montre bien l'embarras du graveur et que, s'il n'ajoute rien aux titres énumérés, c'est certainement faute de place (1).

℟. CAMERA. COMPVTOR. VINDOCIN. (*CAMERA COMPUTORum VINDOCINensis*); dans le champ, arbre

---

(1) L'écusson gravé sur ce jeton avec une grande finesse de dessin rappelle, à peu de choses près, les armes d'Antoine de Navarre. Elles sont ici : coupé de sept pièces, quatre en chef et trois en pointe. Au 1 du chef de gueules aux chaînes d'or posées en orle, croix et sautoir qui est NAVARRE ; au 2 de France, à la bande de gueules qui est BOURBON ; au 3 écartelé 1 et 4 de FRANCE, 2 et 3 de gueules qui est ALBRET ; au 4, d'or à quatre pals de gueules qui est ARAGON ; au 5 de la pointe, coupé en chef de BÉARN, qui est d'or à deux vaches de gueules accornées, accolées et clarinées d'azur ; en pointe écartelé 1 et 4 d'argent au lion de gueules qui est ARMAGNAC ; au 2 et 3, de gueules au lion léopardé d'or armé et lampassé d'azur qui est RHODEZ ; au 6, semé de France à la bande componnée d'argent et de gueules qui est EVREUX ; au 7, d'or à quatre pals de gueules, flanqué au côté dextre de gueules au château surmonté de trois tours d'or pour CASTILLE, au côté senestre, d'argent au lion de gueules pour LÉON ; sur le tout, d'or à deux lions passants de gueules, armés et lampassés d'azur qui est BIGORRE.

Les anomalies que l'on peut reconnaître sur les armoiries de certains jetons, proviennent, sans contredit, d'erreurs de graveurs ou du défaut de place pour tout indiquer. Cette remarque s'applique surtout à plusieurs jetons de Marguerite de Navarre que nous décrirons plus loin.

touffu et plein de végétation surmonté d'un *gouet* ou serpe de bûcheron. — En exergue, les mots RŒPVTANDVM EST, avec la date 1576 au-dessous.

(Pl. III, fig. 16).

Cuivre. *Cabinet de France. Ma Collection. Musée de Vendôme.*

Cette dernière légende nous semble une espèce de jeu de mots qui signifie à la fois : *il faut compter et il faut réfléchir ;* ou, si l'on veut : *il faut élaguer les dépenses.* La leçon se complète par le gouet, tenu par une main et étendu sur le sommet de l'arbre pour l'émonder. Le tout forme bien une allégorie sinon satyrique ou hostile, du moins réelle et significative aux taxes, tailles et autres levées d'impôts faites dans les domaines de Henri pour faire face aux dépenses de la guerre ou à la dilapidation des finances, ainsi que nous le rappelions tout à l'heure, avant que le sage Sully n'y ait apporté bon ordre. L'année 1576 est, en effet, celle des Etats de Blois, où il fut décidé qu'on armerait puissamment contre les Calvinistes. Aussi n'est-il pas inutile de rappeler qu'il faut calculer les dépenses.

E. — Même droit que le jeton précédent. — ℟. OMNIA. AD. CALCVLVM. Sur un fond de fleurs de lis, une table recouverte d'un tapis et de jetons ; à droite, au-dessus, une main mouvant des nuages et déposant sur la table des jetons à compter. — A l'exergue, la date 1582.

(Pl. III, fig. 17).

Cuivre. *Cabinet de France.*

F. — ⁘ Croix formée par quatre gros points, HENRICVS. D. G. R. NA. DO. BE. DVX. VINDOC. E. COM. MAR. *(HENRICUS Dei Gratiâ Rex NAvarræ DOminus BEarn, DUX VINDOCinencis Et COMes MARlœ).* — Ecu à quatre quartiers, surmonté de la couronne royale fermée ; au 1 de Navarre, au 2 de Bourbon, au 3 de Béarn, au 4 écartelé 1 et 4 de France, 2 et 3 d'Albret. — ℟. CAMERA. COMPVTOR. FERÆ. AD. ISARA (sur Oise) ; dans le champ, arbre en pleine végétation et chargé de fruits, poussant sur un sol accidenté et herbacé. -- En exergue, les mots : FRVCTV. NON. FLORE. CADVCO. en deux lignes, avec la date 1583 au-dessous, devise qui se traduit ainsi : *les produits sont destinés à tomber non en fleurs mais en fruits,* autrement dit : on ne doit pas manger son bien en herbe, maxime trop souvent oubliée par le bon duc Henri (1).

(Pl. III, fig. 18).

Cuivre. *Cabinet de France.*

G. — HENRY. PAR. LA. G. D. D. ROY. DE. NAVARRE., rosette, écu aux chaînes de Navarre, timbré de la couronne royale. — ℟. S. S. (seigneur souverain) DE. BÉARN. DVC. DE. VENDOMOIS. ETC., une rose, écu aux armes pleines de Navarre surmonté de la couronne royale fermée. Au droit comme au revers de la pièce, la légende commence par le bas à gauche.

(Pl. III, fig. 19).

Argent - Cuivre. *Cabinet de France.*

Ces trois derniers jetons sont exactement décrits dans l'ouvrage de MM. Schlumberger et Blanchet.

---

(1) Ces mots pourraient littéralement s'interpréter ainsi : *on apprécie un arbre par son fruit et non par une fleur de courte durée ;* ou bien encore d'une manière plus large et non moins exacte : *c'est par les fruits que l'on juge une bonne administration et non par des résultats éphémères,* maxime dont on peut faire l'application à toutes les époques.

Marguerite de Valois

Reine de Navarre

Le 9 juin 1572, après six jours de maladie, Jeanne d'Albret mourait à Paris. Cet événement, diversement interprété, ralentit les préparatifs du mariage, décidé par la politique, entre Henri avec Marguerite de Valois, fille du roi de France Henri II, sœur des rois François II, Charles IX et de celui qui devait être Henri III. Cette princesse, née le 14 mai 1552, avait alors vingt ans et était recherchée par plusieurs seigneurs, entre autres par le duc de Guise qu'elle aimait ; aussi se refusa-t-elle longtemps à souscrire à l'union projetée. Mais ce qu'on appelait *la raison d'Etat* l'emporta et la cérémonie s'accomplit le 18 août 1572 sous la présidence du Cardinal de Bourbon, oncle du prince de Navarre (1).

Ce mariage, suivi à un très court intervalle des massacres de la Saint-Barthélemy, fut loin d'être heureux. Les deux époux vécurent presque constamment séparés l'un de l'autre, protestant par leur attitude, et trop souvent par la facilité coupable de leurs mœurs, contre une alliance imposée par la politique et à laquelle Marguerite n'avait point volontairement adhéré. Ces circonstances contribuèrent à faire annuler canoniquement le mariage vingt-sept ans plus tard et à rendre la liberté à chacun des conjoints (17 décembre 1599).

Marguerite, qui s'était éloignée de la Cour après son mariage, revint à Paris une fois celui-ci rompu et, connue du surnom de *Reine Margot*, elle s'adonna à la

---

(1) Conf. *Hist. de la reine Marguerite*, par MONGEZ, chanoine régulier. Paris, 1778, 1 vol. in-12.

littérature et aux œuvres de piété, faisant un mélange bizarre de dévotion et de galanterie. Elle prit pour directeur et prédicateur Nicolas Coeffeteau, évêque de Dardanie et suffragant de l'évêque de Metz, Henri de Bourbon, marquis de Verneuil. Marguerite avait une merveilleuse facilité à composer en prose et en vers, ce dont on peut juger par les poésies et les mémoires qui restent d'elle. Entourée de savants, de littérateurs et d'hommes de mérite, cette princesse survécut à Henri IV. Elle mourut à Paris le 27 mars 1615 et fut enterrée à St-Denis.

D'après les stipulations du contrat de mariage passé à Blois, le 11 avril 1572, entre le prince de Navarre et Marguerite, cette princesse avait un douaire réglé à quarante mille francs de rente et de plus la jouissance du château de Vendôme, tout meublé, pour demeure. Cette clause ne l'empêcha pas, pendant tout le temps de son union avec Henri, de demeurer étrangère au Vendomois.

Ses jetons, bien qu'assez nombreux, ne mentionnent pas son titre de duchesse de Vendôme; ils appartiennent tous, pour la plupart, à la Navarre et, après le beau travail de MM. Schlumberger et Blanchet, sur la numismatique de cette province, nous n'avons pas à nous en occuper longuement. Toutefois, ayant eu occasion de rencontrer, dans diverses collections, quelques variétés nouvelles, je me permets de reprendre ici la description de ces pièces, en tenant compte, bien entendu, du nom des savants qui m'ont précédé et des numismates qui m'ont ouvert leurs trésors.

Les premiers jetons que nous ayons à décrire sont relatifs au mariage de Marguerite. Frappés en argent et en or, ils furent distribués au peuple pendant le repas de noces.

A. — Chiffre composé d'un **H** et d'un **M** majuscules liés ensemble, entouré d'une ceinture couverte de pierreries et de la légende : CONSTRICTA HOC DISCORDIA VINCLO, 1572, désignant l'alliance d'Henri de Bourbon et de Marguerite de Valois, de laquelle chacun espérait la fin des discordes civiles.

Au revers, se trouve, debout, vêtue d'une robe flottante, une femme tenant dans ses mains un serpent replié en anneau et mordant sa queue, au-dessus d'un brasier placé sur un autel avec cette devise : ÆTERNAQVE MVNDA, signifiant, d'après le P. Hilarion de Coste, que la paix établie par le mariage durerait autant que l'éternité figurée par le symbole du serpent enroulé en cercle et dont le venin éteint les flammes.

(Pl. IV, fig. 20).

Diam. 27mm. Argent. *Cabinet de* M. Richard *de Paris.*

Cette pièce est décrite dans « *le Trésor de Numismatique et de Glyptique* » (Pl. XIX, fig. 8), ainsi que dans Debie, fig. XLIV, LXXVII et LXXVIII, pages 83, 84, 109 et 110 (1).

D'après Debie, le dessin du droit serait inspiré par l'usage que les païens avaient de donner une ceinture à leurs épouses et aussi par ce qui est dit dans le Psalmiste : *Que la fille du Roy était ornée d'une ceinture et vestement d'or.* L'apôtre, de son côté, excite les chrétiens à porter une pareille ceinture sur leurs reins, symbole de la pureté du cœur et de la tempérance dans les désirs de la chair. L'emblème du serpent signifierait la pru-

(1) Une médaille analogue, au revers Constricta, etc... avec la ceinture ayant au centre deux C enlacés surmontés d'une couronne royale, se trouve dans Mézeray, sans date, (tome III, page 317, fig. XXX), comme ayant été frappée à l'occasion du mariage de Charles IX avec Elisabeth d'Autriche.

dence, la piété récompensées par le séjour des âmes heureuses dans l'Eternité que le cercle du serpent désigne, comme aussi le feu est l'emblême de la piété (1).

B. — Un second jeton, mais d'un module plus petit, frappé à la même occasion que le précédent, présente un droit analogue quant au dessin et à la légende, mais sans date; celle-ci étant remplacée par une petite rose qui occupe le commencement et la fin de la légende.

Au revers, dans le champ, un agneau pascal avec la bannière dirigée vers la gauche et en exergue, séparée par un trait, la date 1572. Comme légende : VOBIS ANNVNCIO PACEM, avec une rose.

(Pl. IV, fig. 21).

Diam. 27mm. Argent. *Cabinet de France.*

Décrite par Blanchet et dans le *Trésor de Num. et Glyptique.*

On ne peut s'empêcher de constater avec quelle cruelle ironie les légendes de ces deux jetons proclament *la concorde et la paix,* lorsqu'on se rappelle les horreurs de la St-Barthélemy, éclatant le 24 août, à six jours de là.

---

(1) La parole du Psalmiste, à laquelle on découvre une allusion, est celle du psaume XLIV, verset 10. « Astitit *regina* a dextris tuis *in vestitu deaurato, circumdata varietate* ». La reine se tient à votre droite, parée de vêtements d'or et entourée de broderies. — La reine, c'est l'Eglise ou Israël converti; le roi, c'est le Messie ou le Christ.

Pour mieux comprendre ce verset, se reporter aux suivants, 14 et 15, auxquels a été emprunté le « circumdata varietate. » — « Omnis gloria ejus *filiæ regis* ab intus, *in fimbriis aureis, circumamicta varietatibus* ». Toute la gloire de la fille du roi est au dedans, à l'intérieur, quand elle a ses franges d'or et est revêtue de broderies. — L'hébreu est plus expressif : *revêtue d'enchassements d'or*, de tissus brodés d'or et de fils de diverses couleurs.

« L'apôtre excite les chrétiens à porter une pareille ceinture sur leurs reins ». Voici tout simplement ce que St-Paul dit aux Ephésiens, chap. VI, v. 14. « State ergò succincti lumbos vestros in veritate et induti loricam fideï ». Soyez donc fermes, ceignant vos reins de la vérité et revêtus de la cuirasse de la foi. « Succincti lumbos vestros in veritate » est une allusion au passage d'Isaïe XI, 5, selon les Septante où on lit : « veritate cinctus renes ».

Viennent ensuite des jetons d'un type uniforme comme dessin et comme légendes, mais frappés à l'aide de coins très variés de 1574 à 1586. Ils rentrent dans la catégorie des jetons de comptabilité. Il en existe des exemplaires en argent, frappés probablement pour les officiers de la Maison de la Reine et pour ceux de la Cour des Comptes.

Toutes ces pièces, sauf une sur laquelle nous insisterons tout à l'heure, font partie de ma collection. Quelques variétés décrites par M. Blanchet appartiennent au Cabinet de France et présentent, avec les miennes, des différences notables, qui vont être indiquées.

C. — ✠ MARG. R. DE. NA^{RE}. FILLE —— ET. SEVR. DE. ROY. ; une petite rose se trouve en tête ou à la fin de la légende qui commence en bas, à gauche.

Dans le champ, écu à pointe, entre deux palmes et surmonté de la couronne royale interrompant la légende en haut. L'écu est parti aux armes pleines de Navarre, qui sont : Navarre, Bourbon, Albret, Arragon, Béarn, Armagnac-Rhodez, Evreux, Léon-Castille et, en cœur, Bigorre ; au deuxième parti de France aux trois fleurs de lis.

℞. Rose à 4 pétales, PIOS ALTISSIMA SVRGIT IN VSVS, autel allumé de forme cubique, entouré d'une guirlande et ombragé par un palmier ou un saule, qui est à gauche, avec la date 1574 en dessous. — La légende commence au bas, à gauche (1).

(Pl. IV, fig. 22).

Cuivre. *Ma Collection.*

La même pièce a été décrite, avec quelques variantes, par M. Blanchet (*Jetons de Navarre*, page 12, n° 2).

---

(1) Cette médaille se trouve dans Debie, qui en cite plusieurs autres différentes par le dessin et par le module (pages 111 et 112), que nous n'avons pas eu occasion de voir en nature.

D. — MARGARETA. DEI. GRA. REGI. NAVA. (*MARGARETA DEI GRAtia REGIna NAVAræ*). Ecu à pointe surmonté de la couronne royale entre deux palmes. L'écu est parti aux armes de Navarre de sept quartiers au lieu de neuf et d'autre part aux armes de France pour moitié seulement. La légende commence en haut, à droite. — ℟. Même légende qu'au précédent, mais tous les mots sont séparés par une petite rose ; elle commence également en haut, à droite, et est précédée d'une petite croix ; autel allumé formé de plusieurs assises, celle du milieu plus épaisse, renflée aux moulures ; à droite, un palmier et au dessous la date 1575.

(Pl. IV, fig. 23).

Cuivre. *Ma Collection.*

M. Blanchet cite une pièce de la même date d'après le Cabinet de France, où elle se trouve en argent et en cuivre, avec le même droit qu'en **C** (*Jet. de Nav.*, pag. 12, nos 3-4), ce qui constitue une variété de **D.**

E. — Avec la date 1577, la même pièce existe dans ma collection et est indiquée par M. Blanchet comme

---

Voici la description donnée par cet auteur, auquel, comme on sait, on ne peut accorder qu'une confiance limitée, de celle qui nous occupe : Elle porte au revers un autel où brûlent des parfums dont la flamme et la fumée montent vers le ciel ; l'arbre qui se trouve à côté est vraisemblablement le producteur de l'encens, ce que semble indiquer la légende : PIOS ALTISSIMA SURGIT IN USUS (*s'élève très haut en manifestations pieuses*).

Ces symboles, ajoute Debie, sont une application délicate à la princesse qui devait être l'épouse d'un grand Roi. Le feu que les anciens Empereurs faisaient porter devant eux, étant l'emblème de la divinité et de la piété, comme l'encens celui de la prière, vertus que la princesse se faisait fort de pratiquer avec soin. On sait comment elle tint ces résolutions.

se trouvant en cuivre au Cabinet de France (*Jet. de Nav.*, page 12, n° 5). Tous les mots du revers sont séparés par un point au lieu d'une rose.

(Pl. IV, fig. 24).

F. — MARG. R. DE. NAV^{RE}. FILLE. ET. SEVR. DE. ROY. Cette légende est la même qu'en **C**. Seulement elle n'est pas interrompue par la couronne et commence en haut, à droite ; écu entouré de palmes et aux mêmes quartiers qu'en **C**.

℟. Le même qu'en **C** ; mais la légende commence ici en haut, à droite, avec une rose à quatre feuilles en tête et un point entre chaque mot ; saule et autel comme en **C** ; sous un trait, en exergue, il y a la date 1586.

(Pl. IV, fig. 26).

Cuivre. *Ma Collection.*

Même pièce en argent et cuivre au Cabinet de France (Blanchet, *loc. cit.*, n°s 6 et 7).

Tous ces jetons ont été frappés pour les divers services de la Maison de la reine Marguerite. L'identité de leur type, bien qu'avec des variétés de coin pour chaque année, indique d'une manière évidente la banalité de leur emploi. Toutefois, en voici un, également au type du palmier et de l'autel comme les précédents, qui rentre dans la généralité des jetons de la Chambre des Comptes de la Maison de Vendôme, à La Fère-sur-Oise, et qui, à ce titre, doit, plus que tout autre, avoir sa place ici.

G. — M. P. L. G. D. D. R. D. NAVA. FIL. ET. SEVR. D. ROY. (*Marguerite, Par La Grâce De Dieu, Reine De NAVArre, FILle ET SEUR DE ROY*). Légende commençant en haut, à droite. — Ecu de **D**, entouré de palmes, timbré de la couronne royale, parti de Navarre aux 7 quartiers et de France par moitié.

℟. La légende commence en bas, à gauche. PO[R] . LA. CHAM. DES. COM. D. LA. FÈRE. S. OIZE. (*POur LA CHAMbre DES COMptes De LA FÈRE-Sur-OISE*). Autel allumé, renflé au milieu avec moulures, accosté d'un palmier à droite, comme aux pièces **D** et **E**. Au dessous, la date 1576.

(Pl. IV, fig. 25).

Ce jeton, d'une très grande rareté, mais d'une conservation peu nette, existe en cuivre dans la collection de M. Dulac, ancien juge à Compiègne, qui a bien voulu m'en communiquer une empreinte (1).

La gravure de l'écu, sur les jetons originaux fig. 23, 24 et 25, offre des irrégularités qui ont été fidèlement reproduites sur la planche. La position de l'autel, ainsi que sa forme et celle de l'arbre, sont différentes de ce qui se voit sur les jetons fig. 22 et 26. Ces pièces ne sortent évidemment pas du même atelier de graveur.

Au commencement du règne de Henri III, Marguerite obligée de s'éloigner de la Cour, fit un voyage dans le nord de la France et s'arrêta quelque temps à La Fère qui était de son apanage. C'est de cette époque que date la pièce précédente qui, comme je le disais, tout en ayant été frappée pour le banal usage de la Cour des Comptes de La Fère, n'en fournit pas moins une donnée historique importante.

---

(1) Confr. travail de M. Poissonnier cité plus haut, page 31.

CHAMBRE DES COMPTES

Après la description des jetons qui font l'objet de cette notice, il ne sera pas hors de propos de reproduire quelques documents relatifs à la Chambre des Comptes du Vendomois (1).

La Chambre des Comptes formait une de ces juridictions multiples qui constituaient autrefois l'administration judiciaire et financière de la France. Celle du Vendomois était formée d'un président, de cinq auditeurs, d'un procureur, d'un substitut, d'un greffier et d'un huissier.

L'hôtel de la Chambre des Comptes existe encore rue Renarderie, à Vendôme (2). Bien qu'on ne retrouve pas de documents constatant son fonctionnement avant 1556 (3),

(1) Confronter le précieux manuscrit contenant le détail de la gestion d'un receveur de la Châtellenie de Vendôme, présenté par lui en la Chambre des Comptes de cette ville pour l'année 1583. Ce débris du Chartrier de l'ancien duché, seule pièce de ce genre encore existant, se trouve aujourd'hui aux archives du Loiret, où il est catalogué sous la lettre A, n° 1689. Une excellente analyse en a été faite par M. J. THILLIER, notaire à Orléans, et se trouve imprimée dans le *Bulletin de la Société archéologique du Vendomois*, t. XVIII, 1879, et t. XIX, 1880.

(2) Cet hôtel, qui est devenu une simple maison d'habitation rebâtie sur la rue, a conservé dans la cour sa façade du XVIe siècle, avec rez-de-chaussée et deux étages au dessus, percés de fenêtres ornementées, surmontées de lucarnes. Il y a en retour un bâtiment en colombages avec galerie ouverte au deuxième étage.

(3) DUCHEMIN DE LA CHESNAYE. *Hist. manuscrite de Vendôme*, t. I, p. 51 (Note imprimée par M. l'abbé MÉTAIS dans le *Bull. de la Soc. arch. du Vendomois*, 1890; page 93). Le greffier cité pour 1556 était un nommé Le Merreux.

les jetons frappés sous François et Charles de Bourbon attestent son existence qui se continue jusqu'en 1712, époque de la mort du dernier duc Louis-Joseph et du retour du duché à la couronne.

Les officiers de la Chambre des Comptes, tout aussi bien que ceux de toutes les autres juridictions du Vendomois, étaient à la nomination du duc. C'est de lui qu'ils recevaient leurs traitements annuels, dont les chiffres nous étonnent, aujourd'hui que les conditions économiques et la puissance d'échange de l'argent sont si différentes de ce qu'elles étaient au XVIe siècle. C'est ainsi que le président de la Chambre des Comptes recevait 55 livres par an; le procureur général fiscal, la somme de 32 livres tournois; le substitut, 15 livres; les auditeurs, dix livres. Il est vrai qu'en dehors de la fonction principale remplie par le magistrat, certains services accessoires étaient l'objet d'allocations supplémentaires et que, de plus, le cumul était permis. La plupart étaient membres du Conseil du duc; plusieurs faisaient partie du Conseil des *Grands Jours* du Vendomois ou avaient d'autres fonctions.

Le greffier de la Cour des Comptes recevait 55 livres tournois, en y comprenant les gages pour le greffe du Conseil; il en était de même pour l'huissier du Conseil et des Comptes, qui recevait, comme gages de ces deux fonctions pendant une année, la somme de huit livres tournois.

Florent CHRESTIEN, ancien précepteur de Henri IV (1), en même temps qu'il était auditeur à la Cour des Comptes,

(1) Florent CHRÉTIEN, né à Orléans en 1541 et mort en 1596, est mieux connu peut-être comme littérateur, que comme homme de finances. Il composa un certain nombre de poésies, entre autres un acte mythologique intitulé : *Le Jugement de Pâris*, qui eût les succès

aux gages de dix-huit livres tournois, était encore trésorier et garde-chartes du duc, en son chastel de Vendôme, avec cent livres tournois de « gaiges » annuels ; membre du Conseil du duc, avec la somme de quarante-huit livres tournois pour ses salaires d'avoir vacqué au dit Conseil par quarante-huit journées durant l'année ; enfin il était garde-scel du tribunal des Grands Jours.

Il en était de même des autres auditeurs : Henri Delaunay, Jehan Delavau, Claude Marbaut, ainsi que de sieur de la Verrerye, président de la Chambre des Comptes, et de Pierre Girard, substitut du procureur des Comptes, tous membres du Conseil. Germain Dargouges était, en même temps qu'auditeur aux Comptes, membre du Conseil, président de la Chambre des Grands Jours. Tous ces emplois étaient l'objet de gratifications supplémentaires dont M. Thillier donne le détail dans le consciencieux article du Bulletin indiqué plus haut.

Tous les comptes mentionnés dans ce travail sont un modèle que nous aimons à citer comme type de correction d'exactitude que l'on ne saurait trop proposer aux gens de finances (*pro gentibus computorum*) de notre époque, si empressés et si habiles à dilapider les fonds dont ils disposent, à mettre les revenus de l'Etat en coupe réglée, sans s'inquiéter du droit, de l'honnêteté et de la plus élémentaire sollicitude de l'avenir.

Le revenu des forêts était un des produits importants du domaine des ducs de Vendôme. La forêt de ce nom,

---

de l'époque dans les châteaux des bords de la Loire où la pièce fut jouée. Mme d'Estouteville y faisait Vénus, le jeune auteur remplissait le rôle de Pâris ; Pallas et Junon étaient représentées par les poètes Ronsard et Belleau.

Florent Chrestien embrassa la réforme et fut choisi comme précepteur de Henri de Bourbon. Il était fils de Guillaume Chrétien médecin et chancelier du duc Antoine de Vendôme.

qui confine la ville au Nord, se reliait à celle de la Gaudinière et de Fréteval et comprenait plusieurs lieues de longueur. Il y avait également la forêt du Bois-Breton, la forêt de Gastines (1)... dont la conservation et l'aménagement étaient réglés avec soin par un personnel d'officiers que M. THILLIER nous fait connaître avec détail dans son relevé de comptes de 1583 (2).

Les détails dans lesquels nous venons d'entrer, en apparence étrangers à notre sujet, sont intéressants à connaître pour l'explication de quelques particularités que présentent certains jetons de cette époque en usage à la Cour des Comptes de Vendôme et notamment celui de 1576 au nom de Henri de Bourbon, décrit précédemment (PL. III, fig. 16), ainsi que celui de La Fère de 1583, (Id., fig. 18).

Le registre du receveur de la Châtellenie de Vendôme, pour 1583, fait encore une mention importante à signaler ici (3). C'est celle d'une dépense de dix-sept livres quatre

---

(1) Celle-ci fut aliénée en 1573.

(2) Il y avait dans le duché une maîtrise des eaux et forêts exercée à Vendôme par un maître et un lieutenant général. Ces officiers avaient dans leurs attributions la surveillance et la conservation des forêts du duché et le soin de faire les adjudications de coupes de bois. Au point de vue judiciaire, ils tenaient tous les mois, sous le nom de *Plaids Ségreaux*, des audiences auxquelles étaient déférés tous les délits forestiers et toutes les infractions aux règlements sur les cours d'eau et la pêche. L'avocat fiscal et le procureur fiscal du bailliage remplissaient également leurs fonctions près de cette juridiction à laquelle étaient, de plus, attachés six sergents verdiers, dont trois pour la forêt de Vendôme et trois pour la forêt de Bois-Breton ; ces verdiers exerçaient la police judiciaire pour toutes les contraventions relevant de la maîtrise des eaux et forêts et prélevaient le tiers des amendes prononcées (*Bulletin de la Soc. arch. de Vendôme,* 1879, page 53).

Les fonctions de verdiers répondaient assez bien, sauf pour la question judiciaire, à celles que remplissent de nos jours les gardes-généraux et les sous-inspecteurs des forêts.

(3) *Bulletin de la Soc. arch. de Vendôme,* 1880, page 140.

sols tournois, montant de la fabrication de douze cents jetons de cuivre faits à Paris par ordonnance « de Messieurs de la Chambre des Comptes pour le service de celle-ci, lesquels valent à raison de XLV sols tz pour chaque cent, la somme de XXVII lz, XL sols tz pour la voiture (le transport) et LXIIII sols tz pour une douzaine de bourses de cuir où ont été mis chaque cent des dits jetons, lesquelles sommes forment un total de trente-deux livres quatre sols, sur laquelle le dit receveur aurait couché en son compte de l'année 1573, clos et arrêté en la Chambre le 22 juin 1574, la somme de 15 livres tournois pour employer à l'achat des dits jetons. De ce compte, il reste dû au dit receveur, la somme ci-dessus de 17 livres 4 sols tournois ».

« Cy..... XVII *l*.IIII *s*. *tz*. ».

(Extrait du manuscrit cité plus haut (1), qui se trouve aux archives du Loiret et qui contient « le compte huictiesme que rend à Très haut Très magnanime et Très doubté (2) Prince HENRY par la grâce de Dieu roy de Navarre, seigneur souverain de Béarn, duc d'Albret, de Vendosmois et de Beaumont, premier pair de France, Me Guillaume Thouart, receveur pour le dict Sgr Roy en sa chastellenye de Vendosme, pardevant MM. les présidts et auditeurs de la chambre des comptes pour sa majesté, des deniers de sa charge et recepte pour une année commencée le prem. jour de janvier l'an mil cinq cent quatre vingz trois, finye le der jour de Xbre du d. an »).

(1) *Bull. de la Soc. arch. du Vendomois*, 1879, pag. 74 et suiv.
(2) Pour *redouté*.

MÉREAUX

DE LA COLLÉGIALE SAINT-GEORGES

à Vendôme

Comme appendice à l'étude des jetons vendomois, nous donnerons la description de plusieurs petites pièces connues sous le nom de *méreaux* et frappées pour le service de la Collégiale de St-Georges, que nous avons eu occasion de citer plusieurs fois dans le cours de ce travail.

Cette église fut construite vers 1036 par Agnès, femme du comte Geoffroy Martel. Ce prince était parti pour Rome offrir au St-Siège le monastère de la Trinité qu'il venait de fonder. De là, à la demande de l'Empereur de Constantinople, Michel le Paphlagonien, Geoffroy avait été envoyé en Sicile, par le roi de France Henri Ier, se joindre à une expédition destinée à combattre les Sarrazins. Ces derniers furent défaits si complètement que l'Empereur reconnaissant, lui fit offrir une part de ses trésors. Au milieu de toutes les richesses étalées devant lui, le comte de Vendôme fit choix de deux reliquaires renfermant, l'un la Sainte Larme répandue par Notre-Seigneur sur le tombeau de Lazare, l'autre un ossement du bras de St-Georges.

C'est pendant cette pieuse expédition que fut commencée, dans l'enceinte du château, la construction d'un nouvel édifice. La comtesse Agnès, fatiguée de descendre chaque jour la pente escarpée de la montagne, sur laquelle se trouvait le château, pour aller entendre la messe à la paroisse St-Martin, s'était décidée à fonder une église dans le château même, avec un collège de prêtres pour le desservir. Geoffroy, à son retour, approuva cette pieuse fondation et fit le partage des reliques rapportées de son voyage en donnant la Ste-Larme à son monastère de la Trinité et le bras de St-Georges à l'Eglise collégiale qui prit le nom du glorieux patron des chevaliers (1).

C'est en l'honneur de cette précieuse relique que le sceau du chapitre de St-Georges porte un bras rappelant celui du saint (Voir Pl. IV, fig. 28).

Geoffroy ne se contenta pas de bâtir une église ; il dota le nouveau chapître avec une libéralité de prince en lui donnant des terres et des domaines dans diverses parties du Vendomois. Tous les comtes et ducs, successeurs de Geoffroy, se sont plu à accroître les donations faites à l'Eglise collégiale et à enrichir ses trésors. Les caveaux servaient, en effet, de sépulture aux membres de leur famille. Après plusieurs profanations, qui eurent lieu pendant les guerres de religion du XVIe siècle, les tombeaux et les ossements des princes de Bourbon ne trouvèrent pas grâce devant les hommes de 1792 qui anéantirent ce qui subsistait encore.

Les chanoines furent logés au pied du château, dans un étroit espace qui sépare la montagne de la rivière, et les maisons qu'ils habitaient y formèrent une rue qu'on nomma la *rue fermée* ou *rue ferme*, parce qu'elle était fermée à chaque bout par une porte flanquée de grosses tours reliées par d'épaisses murailles aux fortifications de la citadelle.

Comme monument propre à nous rappeler l'existence du chapître de St-Georges, il nous reste plusieurs variétés de méreaux.

(1) De Pétigny, *Hist. du Vendomois*, page 172.

Le méreau était une pièce de plomb ou de cuivre destinée spécialement à constater la présence des hommes d'Eglise aux offices canoniaux. A l'entrée des chanoines au chœur, on leur remettait une pièce de convention qu'ils devaient, à des époques périodiques, rapporter au trésorier qui en acquittait la valeur indiquée ordinairement par un ou plusieurs chiffres placés dans le champ.

La plupart des pièces de ce genre, qui ont été retrouvées, sont en cuivre; la fusibilité du plomb, son peu de résistance, sont sans doute cause que les méreaux en ce métal sont les plus rares. Il en existe, cependant, encore pour les chapitres de Laon, d'Arras et plusieurs autres.

Ces pièces, en général, n'offrent rien de bien saillant sous le rapport de l'art et du dessin; leur travail est imparfait et souvent très grossier. Tel n'est pas le cas pour les méreaux de St-Georges, qui sont de laiton et dont la gravure offre un fini qui contraste avec celle des autres pièces du même genre. Cette remarque nous permettra, sinon d'assigner une date pour leur fabrication, du moins d'en laisser soupçonner l'émission vers le commencement de la Renaissance, sous les comtes François ou Charles de Bourbon. Ce qui paraît certain, c'est que l'usage en était fréquent au quinzième siècle et général au seizième, et nous ne saurions partager l'avis de de Bouchet, bibliothécaire de Vendôme, qui voudrait en faire remonter l'origine au XIIIe siècle.

Quoi qu'il en soit, voici la description de quelques variétés des méreaux du chapitre de Vendôme, parvenus jusqu'à nous :

A. — D'un côté, St-Georges à cheval, terrassant le dragon et le frappant de sa lance ; la tête du saint est nimbée, accostée à droite et à gauche des initiales. S. G. entre des points; devant la tête du cheval se trouvent deux étoiles l'une au-dessus de l'autre. — ℟. : ✠ : S : **GEORGIVS : DE : VINDOCINO :** en lettres tournures (1); à l'intérieur, un grenetis; dans le champ, deux I gothiques entre deux traits horizontaux, avec trois gros points en losange, l'un dans l'intervalle des I, les autres de chaque côté (**.I.I.**).

Cuivre. Diamètre : $0^{m}02$. — Cette grandeur est celle des anciennes petites pièces de billon à la lettre N.

Musée de Vendôme.

(*Bul. de la Soc. arch.*, 1865, page 169).

B. — Sur une variété faisant partie de notre collection, les gros points en forme de losange sont au nombre de quatre, deux de chaque côté des I. (: **I I** : sic).

(Pl. IV, fig. 27).

C. — Le Musée de Vendôme possède un exemplaire du même type sur le revers duquel il y a quatre chiffres **IIII** au lieu de deux.

(*Loc. cit.* 1874, page 7).

D. — Enfin, on trouve dans l'*Annuaire du Loir-et-Cher pour 1828,* sous la signature de Cottereau, collectionneur vendomois, la description d'un méreau de St-Georges portant seulement le chiffre **I**, avec deux points carrés de chaque côté du chiffre. Il est en billon et de même grandeur que les précédents.

Ces chiffres, sans aucun doute, devaient indiquer la valeur conventionnelle, attribuable au méreau.

Toutes ces pièces, par la finesse de leur style, montrent avec quel soin elles étaient fabriquées, malgré leur valeur intrinsèque tout à fait minime et leur importance secondaire.

---

(1) Les lettres tournures n'étaient autres que les majuscules gothiques des XVe et XVIe siècles.

SCEAU

DU CHAPITRE DE SAINT-GEORGES

Voici, pour terminer, la description du sceau du chapître de St-Georges annoncé plus haut et qui nous a été communiqué autrefois par notre savant et toujours regretté collègue Bouchet :

Pièce ovale de 26mm sur 30, portant au pourtour la légende CAPITULUM. VINDOCINENSE, commençant par une croisette et entourée d'un grenetis. Au centre, écu oval *d'azur semé de fleur de lis* (France ancien), à un dextrochère chargé d'une fleur de lis et tenant un drapeau d'argent lui-même chargé d'une croix de gueules, mouvant du flanc senestre de l'écu. Cet écusson est entouré de deux branches de chêne passées en sautoir aux extrémités supérieure et inférieure, en même temps qu'elles y sont liées d'un cordon (Pl. IV, fig. 28).

Les armes du chapître étaient *d'argent à la croix de gueules,* et sont rappelées sur le drapeau tenu par le dextrochère.

La gravure de cette pièce ne semble pas être antérieure au XVIIe siècle.

J'ignore si elle a été déjà publiée ; aussi ai-je cru ne pouvoir mieux faire qu'en la donnant, ainsi que la suivante, pour compléter ce Mémoire.

Le joli sceau que nous rappelons ici est beaucoup plus ancien que le précédent et a été décrit, avec vignette, par

M. de ROCHAMBEAU dans le *Bull. dè la Soc. archéol.* 1870, page 120, d'après le dessin qui se trouve en relief sur la belle cloche de l'église de Mazangé, près Vendôme.

Cette cloche a appartenu autrefois à l'Eglise collégiale de Saint-Georges et a été transportée, lors de la démolition du château, à l'époque de la Révolution, au village qui la possède aujourd'hui.

Le sceau fait suite à l'inscription du cerveau de la cloche. Il est circulaire avec un diamètre de 6 cent. 1/2 environ et présente, dans le champ, un St-Georges à cheval écrasant le dragon. Le saint porte une armure complète, au bras un bouclier avec une croix, rappelant les armes du chapître, et son cheval est recouvert d'un caparaçon. En face de lui on voit une femme que le saint vient de délivrer du dragon.

Autour du sceau, en légende, entre deux filets ou grenetis, on lit : S. (pour *Sigillum*) ECCLESIE. SANCTI. GEORGII. DE. VINDOCINO. (Sceau de l'Eglise de St-Georges de Vendôme).

(PL. V, fig. unique).

La cloche porte sur son inscription la date 1536 qui est l'année de la mort de Françoise d'Alençon dont on connaît la libéralité pour les œuvres pieuses et charitables du Vendomois. Les ornements du sceau sont élégants et tout à fait en harmonie avec l'époque que nous venons d'indiquer, qui semble, par la similitude du dessin, être contemporaine de celle de nos méreaux (1).

---

(1) D'après un document dont je n'ai eu que récemment connaissance par l'obligeante intervention de M. NOUEL, il existerait un autre sceau de St-Georges différent des précédents. M. DE TRÉMAULT aurait retrouvé dans ses notes une pièce délivrée à un sieur MORIN à Vendôme, en 1727, par le Chapître de St-Georges, qui porte à un angle un cachet en cire rouge circulaire de 30mm de diamètre. Le milieu est occupé par un semé de fleurs de lis sur lequel se voit un bras portant un petit drapeau chargé d'une croix. Au pourtour, la légende est

Mon intention n'est pas de poursuivre plus loin ce que l'on peut appeler l'histoire numismatique du Vendomois proprement dite. Avec l'avènement de Henri de Bourbon au trône de France, se termine l'existence autonome du duché, jusqu'à sa reconstitution bien éphémère quelques années plus tard, en faveur de César de Vendôme. A l'extinction des princes de cette nouvelle Maison, notre province fut réduite à la condition de simple baillage et la ville vit disparaître peu à peu les souvenirs de son antique splendeur. Ce sont ces souvenirs que nous avons essayé autrefois de faire revivre, en partie du moins, en décrivant les monuments métalliques se rattachant à une période de notre histoire nationale, glorieuse entre toutes.

En se reportant aux jetons de la deuxième Maison de Vendôme (1598-1712), le lecteur pourra dégager la différence essentielle qui distingue les pièces de cette série de celles de la période que nous venons de parcourir (1374-1589). Je ne saurais trop insister sur ces considérations, dussé-je peut-être paraître banal en tombant dans des redites.

---

incomplètement venue, mais on y lit distinctement S. (*Sigillum*) PARVVM ECC..... qui peut se compléter par *Ecclesiæ* S^ti *Georgii de Vindocino*.

Ce cachet serait le *petit* sceau de l'église de St-Georges, indiquant qu'il devait en exister un *grand*, usage assez fréquent dans les institutions de l'époque. Serait-ce celui qui est reproduit sur la cloche ? Je serais très tenté de le croire, d'après les renseignements fournis par M. Berthelé, archiviste de Montpellier. Selon ce savant auteur de travaux estimés sur les cloches d'église, les sceaux qui figurent sur les anciennes ont été moulés avec les matrices en métal appartenant aux villes, chapitres, abbayes, etc..., mises, pour la circonstance, à la disposition du fondeur. Je ne pense pas que la matrice de l'ancien grand sceau de St-Georges existe encore ; dans tous les cas, elle ne se trouve pas dans les collections des Archives nationales à Paris, ainsi que je m'en suis assuré.

La question des sceaux de la Collégiale de St-Georges n'est donc pas complètement résolue et appelle de nouvelles études.

Toutes les pièces mentionnées dans le présent travail sont de simples jetons de compte, ne rappelant aucun fait spécial. Les légendes, d'un laconisme parfois énigmatique, n'indiquent que le prénom, la qualité de leurs auteurs, et, si la place le permet au graveur, la liste de leurs nombreux domaines. Le dessin, assez uniforme, présente d'un côté l'écu armorié, de l'autre, une croix élégante ornée, dont la facture artistique rappelle l'époque de son apparition : la *Renaissance*.

Les jetons de la dernière période ou seconde Maison de Vendôme sont, au contraire, de véritables médailles historiques, en rapport avec l'idée qui les a inspirées, idée devenue dominante sous Henri IV, Louis XIII et surtout Louis XIV, celle de conserver l'histoire des événements d'un règne à l'aide du métal. Tout, dans les légendes, dans le sujet des dessins, rappelle les épisodes principaux de la vie des personnages auxquels la pièce se rapporte ; aussi, pour ce qui concerne les derniers possesseurs du Vendomois, les jetons marqués de leur nom, par suite de l'illustration des titulaires aussi bien que par l'importance des faits mentionnés, dépassent-ils les proportions d'une simple chronique locale et appartiennent-ils aux annales générales du pays.

Un descendant des Bourbons de la branche d'Orléans, Mgr le duc d'ALENÇON, a voulu récemment faire revivre le nom primitif de sa famille, en conférant à son fils, Mgr le prince Emmanuel, au moment de son mariage avec la princesse Henriette de Belgique, le titre glorieux de duc de VENDOME. Il constitue ainsi une troisième Maison que l'on pourrait désigner du nom d'Orléans-Vendôme. Puisse-t-elle, à raison de l'éclatant passé de ses aînées, être comme elles féconde en héros et enrichir la numismatique de l'avenir de monuments pouvant rivaliser avec ceux que nous venons d'étudier.

TABLE DE CONCORDANCE

des Figures & des Pages

Les dessins ont été fidèlement exécutés à l'aide des jetons mentionnés dans le texte, soit d'après les originaux eux-mêmes, soit sur des empreintes relevées avec soin et fixées par un procédé qui nous est spécial et que nous avons fait connaître il y a quelques années (1).

Nos planches sortent des mains habiles d'un graveur héraldique distingué de Bruxelles, M. Lavalette, qui les a réussies avec un rare talent.

---

(1) Consulter *Revue suisse de numismatique*, année 1894, page 362. — Il y a eu un tirage à part de 12 pages tenu à la disposition des amateurs.

PUBLICATIONS NUMISMATIQUES DE L'AUTEUR

1° Note sur divers esterlins trouvés à Authon (Loir-et-Cher) et sur une découverte de monnaies à Hottot-en-Auge (Calvados), 1 broch. in-8°, Vendôme, 1862, 8 pages et 2 planches. (*Bulletin de la Soc. Archéol. du Vendomois* pour 1862).

2° Description de divers trésors découverts à Marbache (Meurthe), ainsi qu'à Diarville, Hallainville, Damas-aux-Bois (Vosges), 1 broch. in-8°, Nancy, 1864, 18 pages et 1 planche. (*Mém. de l'Acad. de Stanislas*, 1863, et *Rev. num. belge*, 1864).

3° Notice sur M. Monnier, numismatiste. (*Rev. numism. belge*, 1864), 1 broch. in-8°, 1864, 4 pages.

4° Imitations des monnaies au type esterlin frappées en Europe aux XIIIe et XIVe siècles, un gros volume in-8° de plus de 500 pages, en deux fascicules, Nancy, 1871-1872, avec 36 planches.

(L'Académie des Inscriptions et Belles-Lettres de l'Institut, dans sa séance du 30 octobre 1872, a décerné à l'auteur le prix de numismatique pour 1872).

5° Introduction à l'étude des imitations du gros au type tournois, 1 broch. in-8°, Bruxelles, 1872, 34 pages et 2 planches. (*Rev. num. belge*, 1872).

6° Généralités sur quelques imitations monétaires propres à la Lorraine et aux pays limitrophes, 1 broch. in-8°, 20 pages, Bruxelles, 1872. (*Rev. num. belge*, 1872).

7° Notice sur Claude de Lorraine, dit le Chevalier d'Aumale, à propos d'un jeton, 1 broch. in-8, Nancy-Bruxelles, 25 pages et vignette dans le texte. (*Journ. de la Soc. d'Archéol. Lorraine* et *Rev. num. belge*, 1872).

8° Description des imitations monétaires de la Lorraine et des contrées voisines, 1 vol. in-8°, Nancy, 1873, 192 pages et 16 planches. (*Mém. de la Soc. d'Archéol. Lorraine*, 1872 et 1873).

9° Supplément à l'Introduction des monnaies au type du gros tournois, sous forme de lettre à M. le Directeur de la Revue num. belge, 1 broch. in-8°, 7 pages, Bruxelles, 1873. (*Rev. num. belge*, 1873).

10° Sceaux des anciennes institutions médicales de la Lorraine (1572-1872), 1 broch. in-8°, 28 pages et 2 planches. Nancy, 1873. (*Mém. de la Soc. de Méd. de Nancy*, 1871-1872).

11° Imitations des monnaies au type du gros tournois, 1 vol. in-8° avec 22 planches. Ces dernières seules ont paru et ont été réunies en fascicule, sans texte.

12° Jetons des princes de la deuxième maison de Bourbon-Vendôme, 1 vol. in-8°, 58 pages et 6 planches, Vendôme, 1882 ; avec supplément, broch. in-8°, 1888. (*Bull. de la Soc. Arch. du Vendomois*, t. XX, XXI, XXII et XXVII, années 1881, 1882, 1883 et 1888).

13° Etudes sur les jetons au point de vue du type des revers (type des trois pensées, de l'oranger, de l'amour ailé), 1 vol. in-8°, 88 pages, 5 planches et vignettes dans le texte. (*Rev. num. belge*, 1890 et 1891).

14° Jetons à l'oranger de la famille de Langheac, 2 broch., 10 pages avec vignettes, 1895 et 1896. (*Rev. num. belge*, mêmes années).

15° Quelques sceaux, jetons et armoiries de médecins, chirurgiens et barbiers, 1 broch. in-8°, 14 pages et 1 planche, 1896. (*Rev. num. belge*, 1896).

16° Note sur la préparation et la conservation des empreintes des monnaies et jetons, suivie d'un essai de classification à adopter dans l'étude des jetons, 1 broch. in-8°, 12 pages, 1895. (*Ext. de la Rev. suisse de Numismatique*, 1894).

Vendôme. — Imprimerie Frédéric EMPAYTAZ, 27, rue Poterie

www.ingramcontent.com/pod-product-compliance
Lightning Source LLC
LaVergne TN
LVHW010041230826
846091LV00005B/1811

* 9 7 8 2 0 1 9 9 8 3 7 5 8 *

MONNAIES GRECQUES
ANTIQUES

VENTE A L'HOTEL DROUOT
SALLE N° 7

LES 22 ET 23 MAI 1908
à 2 heures précises.

COMMISSAIRE-PRISEUR :	EXPERTS :
Mᵉ ANDRÉ DESVOUGES	MM. ROLLIN ET FEUARDENT
26, rue de la Grange-Batelière.	4, rue de Louvois.

Exposition particulière : chez les Experts, les 18, 19 et 20 Mai, de 2 à 5 heures.

Exposition publique : à l'Hôtel Drouot, le 21 Mai, de 2 à 6 heures.

PARIS

1908

CONDITIONS DE LA VENTE

La vente sera faite au comptant.

Les acquéreurs paieront dix pour cent en sus des prix d'adjudication.

Les experts se réservent la faculté de réunir ou de diviser les lots.

Ils se chargent, aux conditions habituelles (5 °/₀ sur le chiffre des adjudications), des commissions qu'on voudra bien leur confier.

L'exposition mettant le public à même de se rendre compte de l'état et de la nature des objets, il ne sera admis aucune réclamation une fois l'adjudication prononcée.

Par suite d'une omission, nous n'avons pas indiqué au catalogue quelles sont les pièces qui composaient la collection de Monsieur Woodward.

Cette belle série est décrite sous les numéros suivants :

7 — 8 — 11 — 12 — 17 — 21 — 25 — 26 — 36 — 42 — 45 — 54 — 55 — 61 — 62 — 65 — 72 — 73 — 74 — 78 — 81 — 86 — 91 — 92 — 94 — 95 — 99 — 103 — 114 — 115 — 118 — 119 — 120 — 121 — 122 — 123 — 132 — 134 — 135 — 138 — 141 — 142 — 143 — 145 — 146 — 148 — 149 — 151 — 152 — 159 — 160 — 163 — 167 — 168 — 169 — 174 — 179 — 181 — 185 — 186 — 187 — 189 — 191 — 194 — 198 — 201 — 202 — 203 — 204 — 208 — 209 — 211 — 213 — 214 — 218 — 219 — 220 — 224 — 225 — 227 — 231 — 232 — 234 — 235 — 238 — 239 — 240 — 241 — 245 — 247 — 251 — 257 — 264 — 265 — 266 — 279 — 287 — 288 — 295 — 298 — 299 — 300 — 325 — 332 — 341 — 342 — 346 — 348 — 354 — 358 — 359 — 362.

MÉDAILLES GRECQUES

ESPAGNE

1 **Emporiae.** Tête de Cérès coiffée d'épis ; trois dauphins autour. ℞. ΕΜΠΟΡΙΤΩΝ. Pégase au vol. — Æ4. B.

GAULE

2 **Massilia.** Buste de Diane, le carquois sur l'épaule. ℞. ΜΑΣΣΑ-ΛΙΗΤΩΝ. Lion à dr. ΤΑ en monogramme. — Æ3. TB.

CAMPANIE

3 **Hyrina.** Tête de Pallas, une chouette sur le casque. ℞. ΥΡΙΝΑ. Taureau à face humaine, marchant à dr. — Æ5. B.

4 Même tête à g. ℞. ΥDΙΝΑ. Même taureau, tourné à g. — Æ5. B.

5 Autre exemplaire, avec ΥΡΙΝΑΙ. — Æ5.

6 Tête de Junon Lacinia de face, le diadème orné d'une palmette entre deux demi-griffons, le cou paré d'un collier de perles. ℞. ΥΡΙΝΑ rétrograde. ℞. Taureau campanien à dr. — Æ5. TB.

7 **Naples.** Tête de déesse, de trois quarts à dr. ℞. ΝΕΟΠΟ[ΛΙ]-ΤΗΣ, la fin de la légende rétrograde. Taureau campanien à g. — Æ4.

Vente Hirsch, cat. XV, n. 198.

8 Tête de femme à dr., coiffée d'un bandeau ; derrière, osselet. ℞. ΝΕΟΠΟΛΙΤΩΝ. Victoire au vol, à dr., couronnant le taureau à face humaine. — Æ[5]. TB.

9 Tête diadémée de femme ; derrière, osselet ; sous le col, ΧΑΡΙΛΕ. ℞. ΝΕΟΠΟΛΙΤΩΝ. Taureau campanien couronné par une Victoire volant à dr. ; dans le champ, Κ. — Æ[5].

10 Même tête à g. ; derrière, ΕΥ. ℞. de la pièce précédente avec ΕΠΙ dans le champ. — Æ[5].

CALABRE

11 **Tarente.** Tête de femme à dr., le diadème brodé, l'occiput voilé ; devant, un symbole indistinct. ℞. Cavalier à dr., couronnant son cheval qui va au pas, et portant un bouclier rond suspendu à sa nuque. Sous le cheval, Σ et le *murex*. — OR[4]. TB.

Planche I.

Vente Hirsch, cat. XIV, n. 25.

12 ΤΑΡΑ. Même tête de femme à dr. ; devant, un dauphin ; dessous, ΚΟΝ (l'Ν rétrograde). ℞. ΔΙΟΣΚΟΡΟΙ. Les Dioscures à cheval à g., l'un tenant une palme, l'autre couronnant son cheval. — Statère d'or[4], *de toute beauté.*

Planche I.

13 Tête de Pallas à dr., coiffée d'un casque athénien. ℞. Taras tenant un trident et conduisant un bige au galop vers la dr. Au-dessus, un astre ; au-dessous, un symbole indistinct (Vlasto dans le *Journ. int. d'arch. num.*, 1901, p. 103, pl. V, n° 1). — OR[3]. FDC.

Planche I.

Vente Nervegna, n. 249.

14 ΤΑΡΑ... (l'Ρ rétrograde). Hippocampe et coquille ; bordure striée. ℞. ΤΑΡ... rétrograde. Taras sur le dauphin à dr., tenant à la main dr. un poulpe et dans la gauche, avancée, une patère. Traces de surfrappe. — Æ[4], variété rare.

15 Le Démos assis à g. sur une chaise. ℞. Taras sur le dauphin à g., le bras dr. avancé. Dauphin dans le champ. — Æ5.

16 Le Démos assis à g., faisant une libation sur un autel. ℞. ΤΑΡΑΝΤΙΝΩΝ. Taras sur le dauphin à dr., le bras g. avancé; dessous, pétoncle. — Æ6. *Très rare.* — Evans, pl. I, n. 11.

Planche I.

17 Les Dioscures à cheval, galopant à g.; ΦΥ en monogramme. ℞. Taras sur le dauphin à g., tenant un bouclier, deux lances et une petite Victoire qui le couronne; dessous, les flots de la mer. — Æ5. TB.

Planche I.

18 Cavalier nu, galopant à g.; dessous, ΛΕ (*signature du graveur* Leonidas). ℞. ΤΑΡΑΣ. Taras sur le dauphin à dr., lançant le harpon. — Æ5. *Belle et très rare.*

Planche I.

Revue Num., 1904, pl. V, 7a.

19 Jeune cavalier à dr.; derrière, une Victoire au vol le couronne; devant, une figure arrête le cheval; dessous, Ι. ℞. ΤΑΡΑΣ. Taras sur le dauphin à g., tenant à la main dr. un vase; dans le champ, Κ. — Æ5. B.

Planche I.

Trois autres exemplaires connus. Evans, pl. IV, 5.

20 Cavalier couronnant son cheval qui marche au pas à dr.; dessous, Κ et massue droite. ℞. Taras sur le dauphin à g., tenant un canthare, un trident et un bouclier rond; Ω dans le champ et flots de la mer. — Æ5. *Rare.*

21 Cavalier nu et casqué à g.; il est armé d'un bouclier et d'une lance; sous le cheval qui va au pas, Δ. ℞. Taras sur le dauphin à g., le trident sur l'épaule dr.; Κ dans le champ; dessous, les flots de la mer. — Æ5. B.

Planche I.

Vente Hirsch, cat. XV, n. 402.

22 Cavalier à dr., au galop, lançant un javelot. ΦΙΛΙ. ℞. Taras

sur le dauphin à g., tenant une quenouille et un petit dauphin. Dans le champ, ΦΙ et feuille de lierre; en bas, les flots de la mer. — Æ4. B.

Planche I.

23 Cavalier galopant à dr. et donnant un coup de lance. ΔΑΙ. ℞. Taras sur le dauphin à g., tenant un trident et un bouclier rond (*épisème* : cheval marin); dans le champ, ΦΙ et murex. — Æ4. B.

24 Même avers. ΦΙΛΙ. ℞. Taras sur le dauphin à g., tenant une quenouille et un petit dauphin. ΦΙ et feuille de lierre dans le champ. — Æ5. B.

25 Cavalier nu, galopant à dr., le bras dr. levé. ΣΑ sous le cheval. ℞. ΤΑΡΑΣ. Taras sur le dauphin à g., une palme au bras g., le bras dr. étendu. Dans le champ, casque et ΣΥΜ. — Æ5. B.

Planche I.

Vente d'un *Well known travellor* (Londres, 1898), n. 9.

26 Cavalier à dr., couronnant son cheval qui marche au pas. ΕΥ, ΑΠΟΛΛΩ et deux amphores dans le champ. ℞. Taras sur le dauphin à g., tenant un trident et un objet indistinct. ΘΙ. — Æ6. B.

27 Cavalier casqué, au galop à dr., brandissant sa lance. Sous le cheval, ΔΑΙ. ℞. ΤΑΡΑΣ. Taras sur le dauphin à g., portant un trident sur l'épaule dr. et au bras g. un bouclier orné d'un hippocampe. Dans le champ, ΦΙ; dessous, le murex (Evans, Pér. v, B, 5). — Æ5. B.

28 Même cavalier, sans le casque; ΣΑ sous le cheval. ℞. ΤΑΡΑΣ. Taras à dr., le pied g. posé sur la tête du dauphin; il tient de la main g. un arc et deux traits, et de la dr. une flèche. Dessous, ⊢ΗΡ (B. M., *Cat.* 223). — Æ5. B.

29 Cavalier casqué galopant à dr., il tient un javelot à la main dr. levée et le bouclier avec deux autres javelots au bras g. Dessous, ΦΙΛΙ. ℞. ΤΑΡΑΣ. Taras sur le dauphin à g., tenant un

petit dauphin et une quenouille ; dessous, les flots de la mer. ΦΙ et feuille de lierre. — Æ⁵. B.

30 Même avers ; ΣΑ dans le champ. ℞. ΤΑΡΑΣ. Taras sur le dauphin à g., tenant un canthare et un trident. ΩΣ et dauphin. — Æ⁵.

31 Même avers, avec ΕΥ et ΦΙΝΤΥΛΟΣ. ℞. ΤΑΡΑΣ. Taras sur le dauphin à g., tenant un trident et une Victoire stéphanéphore. ΠΟΛΥ et proue de navire. — Æ⁵. B.

32 Cavalier nu, couronnant son cheval qui marche au pas ; ΕΥ, ΑΠΟΛΛΩ et deux amphores. ℞. Taras à g. avec canthare et trident ; derrière, Ο. — Æ⁵. TB.

33 Même sujet, le cheval arrêté ; derrière, ΥΡΙΑ ; dessous, ΑΚ liés. ℞. Taras à g. portant un trident et une Victoire stéphanéphore. ΑΡΙΣΤΟ. — Æ⁵. B.

34 Même type, le cheval au pas. ΙΩ et ΝΕΥΜΗ. ℞. Taras à g. ; astre dans le champ. — Æ⁵. B.

35 Même type, tourné à g. ; corne d'abondance et ⊦ΑΤΕΛΟ. ℞. Taras à g. avec canthare et trident ; derrière, ΠΟΛΥ. — Æ⁵. B.

36 Tête de femme à g., coiffée d'un bandeau. ℞. Jeune cavalier couronnant son cheval qui va au pas. Sous le cheval, un chien ; dans le champ, un dauphin. — Æ⁵. TB.

37 Tête de femme à g. ℞. ΤΑ. Cavalier couronnant son cheval ; croissant et dauphin. — Æ⁵. TB.

38 Autre exemplaire. Symboles : lion et dauphin. — Æ⁵.

Planche I.

39 Tête de Pallas à g., une Scylla sur le casque. ℞. ΤΑΡΑΝΤΙΝΩΝ. Chouette éployée, de trois quarts à dr. sur un foudre. — Æ⁴. B.

40 Tête de Pallas avec une Scylla sur le casque. ℞. ΤΑΡ. Chouette sur une branche d'olivier ; ΙΟΡ. — Æ³.

41 Un lot de petites monnaies divisionnaires (Hercule étranglant le lion, dauphin, roue, pétoncle, etc.). — Æ². 61 pièces.

LUCANIE

42 **Héraclée.** Tête de déesse, de trois quarts à dr. ℞. Hercule nu, debout à dr. et étranglant le lion ; derrière, un arc. — AR^{5}.

Planche I.

Vente Hirsch, cat. XV, n. 514.

43 ⊢HPAKΛHIΩN. Tête de Pallas à dr., le casque orné d'une Scylla; derrière, K. ℞. ⊢HPAKΛHIΩN. Hercule debout, de face, tenant la massue, l'arc et la dépouille du lion ; dans le champ, un vase ; à g., AΘΛ. — AR^{5}. TB.

Planche I.

44 Autre exemplaire. — AR^{5}. B.

45 **Métaponte.** META. Épi de blé dans une bordure guillochée. ℞. incus. — AR^{6}.

46 META. Épi dans une bordure pointillée. ℞. Épi en creux. — AR^{9}. TB.

47 MΕTA. Épi de blé ; bordure guillochée. ℞. incus. — AR^{8}. TB.

48 MΕTAΓ à la g. d'un épi de blé ; bordure perlée. ℞. incus ; bordure striée. — AR^{8}. TB.

49 Épi entre une tête de bélier et MΕTA rétrograde. ℞. incus. — AR^{5}. Flan épais.

50-53 Quatre fractions, dont deux avec la tête du taureau, incuse, au revers. — AR^{3} et AR^{2}.

54 Tête de femme à dr. ℞. META. Épi de blé avec une chouette sur la tige. — AR^{5}. TB.

Planche I.

Vente Hirsch, cat. XV, n. 564.

55 Tête de femme à g., le diadème orné d'une *grecque*. ℞. META. Épi de blé. — AR^{6}. TB.

Planche I.

Vente Hirsch, cat. XV, n. 563.

56 Tête voilée de Cérès à dr. ℞. **META**. Épi avec un rat posé à g. à l'extrémité de la feuille sous laquelle se voit un **Φ**. — *Très beau style*. — Æ5. B.

57 Tête de Cérès à dr.; devant, **EY**. ℞. **META**. Épi, la feuille à dr. surmontée d'un astre. — Æ5. FDC.

Planche I.

58 Tête de Cérès à g. ℞. **META** rétrograde; à dr., un trident et **AΔ**. — Æ5. B.

Planche I.

59 Même tête à dr. ℞. **META**. Soc de charrue sur la tige de l'épi et **MAX**. — Æ5. B.

60 Tête de femme à dr. ℞. **META**. Épi de blé. — Æ5.

61 Tête casquée et barbue de Leucippe; derrière, une protome de lion. ℞. [**M**]**ETAΓONTINΩN**. Épi de blé avec une massue droite sur la tige. **AMI**. — Æ7. Tétradrachme. Rare et TB.

Planche I.

62 Même tête; derrière, **AMI**. ℞. **META**. Épi de blé. — Æ5. TB.

Vente Harlan P. Smith, n. 28.

Planche I.

63 **ΛEYKIΠΠOΣ**. Tête barbue de Leucippe à dr. ℞. **META**. Épi; à dr., un oiseau perché sur la feuille; dans le champ, **AM**. — Æ5.

Vente Strozzi.

64 Autre exemplaire. — Æ5.

65 **Posidonia. ΓOMEI**. Neptune debout à dr., brandissant son trident; derrière, **Θ**. ℞. **ΓOMEϟ▷AN** (rétrograde). Taureau à g. — Æ5. TB.

Vente Tobin Bush, n. 11.

66 **ΓOMEI** rétrograde. Neptune à dr., brandissant le trident. ℞. Même légende. Taureau à g. — Æ5.

67 Mêmes types et légendes, mais la tête du taureau tournée de trois quarts. — Æ4. Rare.

68 **Sybaris.** Taureau à g., la tête retournée ; exergue, **VM**. Bords et barre perlés. ℞. incus. — AR7.

69 Variante, les lettres **VM** au-dessus du taureau. — AR8.

70 Taureau à g., la tête retournée. Exergue, **YM**. Grènetis en bordure. ℞. incus. — AR8.

71 Même type; **YM** au-dessus du taureau; bordure perlée. ℞. incus. — AR8.

72 **Thurium.** Tête de Minerve à dr., le casque orné d'une Scylla; sur le garde-nuque, **ΣΩ** ; derrière, une chouette. ℞. **ΘΟΥΡΙΩΝ**. Taureau cornupète à dr.; dessous, **AP** en monogramme. Deux thons en exergue. — Tétradrachme. AR7. TB.

Planche II.

Vente Sambon (Paris, juin 1906), n. 116.

73 Même tête, sans lettres. ℞. Le même; thon en exergue. — AR5. TB.

Planche I.

74 Tête de Minerve, le casque orné d'une Scylla. ℞. Aire concave. **ΘΟΥΡΙΩΝ**. Taureau cornupète à dr.; dessous, **ΕΥΦΑ**. Deux thons en exergue. — Tétradrachme *de la plus grande finesse.* AR7. FDC.

Planche II.

Vente Wotoch, n. 126.

75 Tête de Minerve avec une Scylla sur le casque. ℞. [Θ]ΟΥΡΙΩ[Ν]. Taureau cornupète; dessus, **ΣΙ** ; un thon en exergue. — Tétradrachme. AR6.

76 Didrachme aux mêmes types. — AR5.

77 Tête de Minerve au casque lauré. ℞. **ΘΟΥΡΙΩ[Ν]**. Taureau cornupète à g. ; dessous, une colombe ; thon en exergue. — AR5.

78 Même avers. ℞. [Θ]ΟΥΡΙΩΝ. Taureau à dr., tête baissée. Thon en exergue. — AR5. B.

79 **Vélia.** Tête de Pallas à g., le casque orné d'un griffon ; derrière, monogramme dans un carré creux. ℞. **ΥΕΛΗΤΩΝ**. Lion à g., déchirant un cerf. — AR5. TB.

80 Variante ; **IE** dans le carré creux. ℞. Sans légende. — AR5. TB.

BRUTTIUM

81 **Caulonia.** **KAVᚪ.** Apollon d'ancien style, nu, debout à dr., tenant une branchette ; sur son bras g. avancé, une figurine ; devant lui, un cerf. Bordure guillochée. ℞. incus. — Æ8. TB.

Planche I.

Vente d'un *Well known amateur* (Londres, 1905), n. 64.

82 **KAVᚪ.** Apollon nu, à dr., une branchette à la main dr. levée, une figurine sur le bras g. Devant lui, un cerf. Bordure guillochée. ℞. incus. — Æ8.

83 Même type, lég. rétrograde. — Æ6. Flan plus épais.

84 Même avers, avec **KAYᚪ.** ℞. Même lég. rétrograde. Cerf debout devant une branchette. Bords perlés. — Æ5.

85 Même type, sans la figurine ; sous le cerf, un Φ. ℞. Cerf debout ; devant, [K]AVΛ. — Æ5.

86 **Crotone.** **ϘPO.** Trépied et cigogne. ℞. incus. — Æ5. B.

87 [Ϙ]PO. Trépied ; grènetis en bordure. ℞. incus. — Æ8. B.

88 Trépied ; cigogne à g., ϘPO à dr. ℞. incus ; bordure striée. — Æ6. Flan épais. B.

89 Trépied ; crabe à g., [Ϙ]PO à dr. Bords perlés. ℞. incus ; lyre à dr., ϘPO rétrograde à dr. — Æ6. B.

90 ϘPO à dr. du trépied. ℞. Aigle éployée en creux. — Æ5. Flan épais. B.

91 Tête laurée d'Apollon à dr. ℞. KPO. Trépied paré de bandelettes. — Æ5. B.

Planche I.

92 Tête de Junon Lacinia, presque de face, le diadème orné de lis et d'annelets. ℞. [KPO]TΩNIATAN. Hercule nu, assis à g. sur la peau de lion, la massue au bras g., la main dr. avancée et tenant un vase à boire. — Æ5. TB.

Planche II.

Coll. Henry Booth, 1901.

93 ΚΡΟΤΩ. Tête de Pallas à dr. ℞. ΟΙΚΙΣΤΑΣ. Hercule debout à dr., la peau de lion sur le dos, appuyé des deux mains sur sa massue. — Æ 2.

94 Locres. Tête laurée de Jupiter à g. ℞. Aigle à g. dévorant un lièvre; foudre dans le champ. — Æ 4. B.

Planche II.

Vente Egger, décembre 1906, n. 35.

95 ΛΟΚΡΩΝ. Même tête. ℞. Même aigle; Α dans le champ. — Æ 5. B.

Vente Maddalena, n. 538.

96 ΛΟΚΡΩΝ. Tête de Jupiter à g. ℞. Aigle à g., déchirant un lièvre. — Æ 5. TB.

97 Rhegium. Scalp de lion. ℞. RECINOƧ. Jupiter assis à g., tenant son sceptre; couronne de laurier autour. — Æ 8. Tétradrachme. B.

98 ΡΗΓΙΝΟΝ. Tête laurée d'Apollon; derrière, une pousse d'olivier. ℞. Mufle de lion de face. Beau style. — Poids 17 gr. 05. Æ 6. TB.

Planche II.

99 Terina. Tête de nymphe à dr.; restes de légende. ℞. Victoire assise à g. sur un autel et tenant sur sa main dr. une colombe. — Æ 5. Didrachme; admirable pièce et d'un relief superbe.

Planche II.

Vente Hirsch, cat. XIII, n. 259.

100 Tête de femme à g. ℞. TERIИAIOИ. Victoire assise à g. sur une amphore renversée et tenant une couronne. — Æ 5. TB.

101 ΤΕΡ. Tête de femme à dr. ℞. Victoire assise à g. sur un autel et tenant un caducée. — Æ 3. TB.

SICILE

102 **Abacaenum.** Tête de Jupiter. ℞. [A]BAK. Sanglier; dans le champ, N et un gland. — Æ². Obole. B.

103 **Agrigente.** AKRA. Aigle à g. ℞. Crabe dans une aire concave. — Æ⁴. B.

104 AKRA. Aigle à g. ℞. Crabe. — Æ⁴.

105 AK et, devant l'aigle, RA. ℞. Crabe. — Æ⁴.

106 Même légende, mais l'aigle tournée à dr. ℞. Crabe; dessous, A. — Æ⁴.

107 AKRA derrière l'aigle à g. ℞. Crabe; dessous, aigle à g. — Æ⁴. Rare.

108 AK—PA. Aigle à dr. ℞. Grain d'orge sous le crabe. — Æ⁴.

109 AKRAC et ANTOΣ rétrograde. Aigle à g. ℞. Crabe dans une aire creuse. — Tétradrachme. Æ⁷. B.

110 AKRAC et ANTOϟ rétrograde. Aigle à g. sur un chapiteau. ℞. Crabe dans une aire concave. — Æ⁶. Tétradrachme. TB.

Planche II.

111 Variété, les lettres ANTOϟ de g. à dr., le chapiteau hors de flan. — Æ⁶. B.

112 Traces de légende. Deux aigles à dr. dévorant un lièvre; dans le champ, à g., une mouche. ℞. Quadrige au galop vers la dr. Au-dessus, une Victoire volant s'apprête à couronner l'aurige qui tient un aiguillon. A l'exergue, une Scylla. *Pièce très rare et d'un style admirable.* — Poids, 17 gr. Æ⁷. TB.

Planche II.

113 Aigle déchirant un lièvre; à g., grain d'orge. ℞. Crabe et pistrix; sur les bords, [A]KPA. — Æ³. Demi-drachme. B.

114 **Camarina.** KAMAPINAION. Tête barbue d'Hercule à g., coiffée d'une peau de lion. ℞. Quadrige au galop à g., le conduc-

teur couronné par une Victoire; en exergue, grue s'envolant. — Tétradrachme. Æ8. B.

Planche II.

Vente Hirsch, cat. XV, n. 950.

115 **Catane. KATANAION.** Tête laurée d'Apollon à dr. ℞. Bige au pas à dr., l'aurige couronné par la Victoire. — Tétradrachme. Æ6. TB.

Planche II.

Vente Sambon (Paris, juin 1906), n. 167.

116 **KATANAIΩN.** Tête laurée d'Apollon à g.; devant, clochette suspendue à un cordon perlé; derrière, crevette. ℞. Quadrige au galop vers la g. Le conducteur est couronné par une Victoire volant à dr. et qui porte une tablette sur laquelle on voit les vestiges de la signature **EYAIN**. Crabe en exergue. — Poids, 16 gr. 70. Rare. Æ7. TB.

Planche II.

Vente d'un *Well known amateur*, Londres, mai 1905, n. 63.

117 .....**NOΣ**. Tête du fleuve Amenanos de trois quarts à g. entre une crevette et deux poissons; dessous, la signature, **XOI**. ℞. **KATANAIΩN**. Quadrige au galop à dr., conduit par Minerve casquée, armée d'un bouclier et d'une lance; une Victoire volant vers la g. lui présente une couronne. A l'exergue, méandre et traces de signature. *Pièce de la plus grande rareté et d'un style admirable.* — Æ4. TB.

Planche II.

118 **KATANAION.** Tête laurée d'Apollon à dr. ℞. Bige au pas à dr., le conducteur armé d'un aiguillon. — Æ7. Tétradrachme. TB.

Vente Sambon, Paris, juin 1906, n. 166 *bis*.

Planche II.

119 Variété, la tête plus grande. — Æ7. TB.

Planche II.

Vente d'un *Well known amateur*, Londres 1905, n. 58.

120 Variété, la légende autrement disposée. — Æ7. FDC.

Planche II.

Vente Sambon, Paris, 1906, n. 166 *bis*.

121 **Géla.** [C]ΕΛΑϟ. Protome du taureau à face humaine nageant à dr. Coquille (?) dans le champ. ℞. Bige au pas à dr., l'attelage couronné par la Victoire. — Tétradrachme. Æ7. B.

Vente Maddalena, n. 601.

122 ΓΕΛΑΣ. Protome du taureau anthropoïde nageant à g. ℞. Bige au pas, à g., le conducteur couronné par la Victoire. — Tétradrachme. Æ6.

Planche II.

123 CΕΛΑ. Protome du taureau à face humaine, nageant à dr. ℞. Cavalier à dr., brandissant un javelot. — Æ4.

124 Restes d'une légende. Protome de taureau androcéphale nageant. ℞. Cavalier au galop à dr., brandissant son javelot. — Æ4.

125 Même taureau à g.; dessous, ΓΕΛΑ. ℞. Même cavalier. — Æ4.

126 CΕΛΑΣ. Protome de taureau androcéphale nageant à dr., la tranche du corps perlée. ℞. Bige au pas devant une *meta*. — Æ7. TB. Tétradrachme. Rare.

Planche II.

127 ΓΕΛΑΣ. Protome de taureau androcéphale nageant à g. ℞. Bige à g. couronné par la Victoire. — Æ6. Tétradrachme. B.

128 **Himera.** Coq à g. ℞. Crabe dans une aire concave. — Æ4.

129 Coq à g. dans un grènetis. ℞. Carré creux à quatre ailes de moulin. — Æ5. B.

130 Coq à g. ℞. Crabe poinçonné d'un annelet. — Æ5. Rare. B.

131 ΗΙΜΕΡΑ. Coq à g. ℞. Crabe. — Æ5. B.

132 [IM]ERAIOΝ. Devant un autel, femme debout à g. faisant le geste de la prière. A dr., Silène devant une fontaine dont

l'eau s'échappe par un masque de lion. ℞. Bige au pas, à g., le conducteur couronné par une Victoire. — Æ6. B.

Planche III.

Vente d'un *late collector*, chez Sotheby, mai 1900, n. 98.

133 La nymphe Himera debout, faisant une libation sur un autel. A dr., au second plan, Silène recevant le jet d'une fontaine dont l'orifice est une tête de lion. ℞. Bige au pas, à dr., le conducteur couronné par une Victoire. — Æ8. B.

Planche II.

134 **Leontini**. Tête laurée d'Apollon, d'ancien style. ℞. **LEONTI-NON**. Entre quatre grains d'orge, tête de lion à dr., la gueule béante. — Tétradrachme. Æ6. B.

135 **ΛEONTINON**. Entre quatre grains d'orge, tête de lion à dr., la gueule béante. ℞. Cavalier à dr. — Æ5. B.

Vente Tobin Bush, 1902, n. 34.

136 **Zancle**. **DANKLE**. Dauphin à g. dans un demi-cercle ; grènetis en bordure. ℞. Carré divisé en neuf compartiments ; au centre, un pétoncle. — Æ6. B.

137 Autre exemplaire.

138 **Messana**. **MEΣΣANION**. Lièvre courant à dr. ; dessous, dauphin. ℞. Char à dr. attelé d'un mulet qu'une Victoire, debout dans les airs, vient couronner. Exergue : feuille d'olivier avec deux olives. — Tétradrachme. Æ7. TB.

Planche III.

Vente Montagu, n. 112.

139 **MEΣΣANION**. Lièvre courant à dr. ; dessous, un dauphin. ℞. La Nymphe Messana ? conduisant vers la dr. un bige de mules couronnées par une Victoire au vol. Deux dauphins en exergue. — Æ7. TB.

Planche III.

Coll. Imhoof-Blumer.

140 **MEΣΣANION**. Lièvre courant ; dessous, un dauphin. ℞.

ΜΕΣΣΑ. Bige au pas à dr. ; deux dauphins en exergue. — Æ[6]. Tétradrachme. B.

Planche III.

141 **Naxos.** Tête barbue de Bacchus, d'ancien style, le diadème brodé d'une branche de lierre. R̸. ΝΑΞΙΟΝ. Silène accroupi de face, un canthare à la main dr., un thyrse à la g. ; derrière lui, des rameaux de lierre. — Tétradrachme. Æ[7]. B.

Planche III.

Vente Rollin et Feuardent (juin 1906), n. 484.

142 Grande tête de Bacchus, couronnée de lierre, la barbe taillée en pointe. R̸. ΝΑΧΙΟΝ. Silène accroupi de face, tenant un canthare à la main dr. — Tétradrachme. Æ[8]. TB.

Planche III.

Vente Delbeke, n. 50.

143 **Ségeste.** Légende rétrograde : ΣΕCΕϟΤΑΙΙΒ. Tête de femme, d'ancien style, à dr. R̸. Chien de chasse à dr. — Æ[5].

Planche III.

144 **Sélinonte.** Feuille d'ache. R̸. Carré creux divisé. — Æ[5]. B.

145 Feuille d'ache. R̸. ϟΕΛΙ (l'ϟ rétrograde) et feuille d'ache dans un carré creux. — Æ[6].

146 ΣΕΛΙΝΟΝΤΙΟΝ rétrograde. Dans un bige allant au pas à g., Apollon qui tire de l'arc et Artémis qui tient les guides. R̸. ΣΕΛΙΝΟΣ. Selinos nu, debout à g., tient une branchette et une patère avec laquelle il va faire une libation sur un autel. Devant l'autel, un coq. Derrière Selinos, un taureau sur un piédestal ; dans le champ, une feuille d'ache. — Tétradrachme. Æ[8]. *Très rare et très beau.*

Planche III.

147 ΣΕΛΙΝΟΝΤΙΟΝ. Selinos debout à g., tenant une branchette et faisant une libation sur un autel. Devant l'autel, un coq à g. ; derrière le sacrificateur, un taureau sur un piédestal ; dans le champ, une feuille d'ache. Une tablette est suspendue à la branchette. R̸. Bige au pas avec son conducteur

dessus, une couronne de feuillage; sous les chevaux, une lettre. — Tétradrachme. Æ[8]. TB.

Planche III.

148 **Syracuse.** Tête laurée d'Apollon à g.; derrière, bonnet conique. ℞. [ΣΥΡ]ΑΚΟΣΙΩΝ. Trépied. — Électrum[3]. B.

149 Tête virile (portrait) à g. ℞. ΣΥΡΑΚΟΣΙΩΝ. Bige au galop, à dr., avec son conducteur. — OR[3]. FDC.

Planche V.

Vente Montagu, n. 164.

150 Tête laurée d'Apollon à g.; derrière, diota. ℞. ΣΥΡΑΚΟ-ΣΙΩΝ. Bige au galop, à dr.; dessous, triquètre (époque d'Agathocle). — Or[3]. TB.

Planche V.

151 ΣΥΡΑΚΟΣΙΩΝ. Tête virile à g. ℞. Cheval libre courant à dr. Exergue : .....ΑΚΟΣΙ.. — Or[2]. TB.

Planche V.

152 ϟVRA. Bige à dr., au pas, avec son conducteur; les roues du char à quatre rais. ℞. Tête de femme à g. dans une aire ronde et concave, au centre d'un carré creux à ailes de moulin. — Tétradrachme. Æ[7]. *Très rare.*

Planche III.

153 ΣVRAϘΟΣΙΟΝ. Petite tête de femme entre quatre dauphins. ℞. Bige au trot, les chevaux couronnés par la Victoire. — Æ[7]. Tétradrachme (Du Chastel, n. 2). TB.

154 Entre quatre dauphins, petite tête de femme diadémée, avec long chignon en pointe. ΣVRΑΚΟΣΙΟΝ. ℞. Bige au pas, couronné par la Victoire (Du Chastel, n. 5). — Tétradrachme. Æ[6]. Rare. TB.

155 Lég. rétrograde. Même type, le chignon arrondi (Duchâtel, n. 16). ℞. Même bige. — Tétradrachme. Æ[6]. B.

156 Variante avec double chignon. — Æ[6]. TB.

Planche III.

157 Même type, le chignon entouré d'une double cordelette. — Æ^{6}. Rare. B.

158 Variante, la tête plus grande, les cheveux séparés par une raie. — Æ^{6}. B.

159 Entre quatre dauphins, petite tête de femme, d'ancien style, parée d'un rang de perles. **ΣVRAKOΣION**. ℟. Bige au pas, à dr., l'attelage couronné par une Victoire. — Tétradrachme. Æ^{9}. *Flan étiré*. TB.

160 Entre quatre dauphins, grande tête de femme, d'ancien style, les cheveux ornés d'un rang de perles. **ΣVRAKOΣION**. ℟. Bige au trot, les chevaux couronnés par une Victoire. — Tétradrachme. Æ^{6}. TB.

161 **ΣVRA**. Tête de femme, d'ancien style. ℟. Poulpe. — Æ^{2}, 2 p. B.

162 Tête de femme. ℟. Roue. — Æ^{1}. 2 p.

163 Entre quatre dauphins, **ΣVRAKOΣION**. Grande tête de femme, coiffée d'un rang de perles, le chignon couvrant toute la nuque. ℟. Bige au pas, à dr., les chevaux couronnés par une Victoire. En exergue, *pistrix*. — Tétradrachme. Æ^{8}.

Planche III.

164 **ΣVRAKOΣION**. Tête de femme à dr., les cheveux enroulés en chignon au bas de la nuque et parés d'une couronne de perles ; au pourtour, quatre dauphins. ℟. Bige au pas, à dr., couronné par une Victoire. A l'exergue, *pistrix*. — Æ^{7}. TB.

Planche III.

165 **ΣVPAKOΣION**. Tête de femme entourée de quatre dauphins (Du Chastel, n. 33). ℟. Bige au pas, couronné par une Victoire. Exergue, *pistrix*. — Æ^{6}. TB.

166 Même légende. Tête de femme coiffée d'un large bandeau ; trois dauphins autour (Du Chastel, n. 40). ℟. Même bige. — Æ^{6}. B.

167 Entre trois dauphins, tête de femme à dr., les cheveux relevés

sur la nuque. ΣVRAKOΣION (les Σ rétrogrades). ℞. Bige au pas, l'attelage couronné par une Victoire. En exergue, *pistrix*. — Tétradrachme. AR7. B.

Planche III.

168 Tête de femme à dr., coiffée d'un *sakkos* dont la bordure est enjolivée d'une *grecque*. Derrière, un dauphin ; devant, ...ΣΙΟΝ. ℞. Bige au pas, l'attelage couronné par une Victoire. — Tétradrachme. AR5. TB.

Planche III.

Vente W. Rome, n. 99.

169 Tête de femme, la bordure du *sakkos* brodée de feuillage. ΣVRAKOΣION. Quatre dauphins autour de la tête. ℞. Le même. — AR7. Beau style.

Planche IV.

Vente Mackerell, n. 4.

170 ΣVPAKOΣION. Tête de femme à dr., la chevelure ceinte d'une étoffe, le *sakkos*, qui renferme le chignon ligaturé par une bandelette transversale. ℞. Bige au pas à dr. ; une Victoire couronne l'aurige. *Type très rare.* — AR6. B.

Planche IV.

Vente Brüder Egger, Wien, 1906, n. 163.

171 ΣVPAKOΣION. Tête de femme à dr., la chevelure ceinte d'un triple bandeau ; dans le champ, quatre dauphins. ℞. Bige au pas à dr. ; une Victoire volant couronne les chevaux. — AR7. TB.

Planche III.

Vente Smith, n. 111.

172 ΣVR.... Grande tête de femme, les cheveux liés par un bandeau faisant quatre tours (Du Chastel, n. 48). ℞. Bige au pas, le conducteur couronné par une Victoire. — AR6. TB.

173 ΣVPAKOΣION. Tête de femme à dr., parée d'un collier ; le *sakkos*, qui enveloppe complètement la chevelure, retombe derrière le cou en un double pli très gracieux ; il est retenu

par trois bandeaux dont deux sont ornés de *grecques*; deux bandelettes transversales, également ornées, maintiennent le chignon; au pourtour, quatre dauphins. ℞. Bige au pas à dr.; une Victoire volant à g. couronne l'aurige. *Pièce d'un style admirable et de la plus grande rareté.* — Æ7. TB.

Planche IV.

174 Entre quatre dauphins, tête de femme à dr., les cheveux ramenés au sommet. ΣVRAKOΣION. ℞. Bige au galop, à g., le conducteur couronné par une Victoire. — Tétradrachme. Æ6. B.

Planche IV.

Vente Hirsch, cat. VII, n. 128.

175 ΣVPAKOΣION. Tête de femme, les cheveux retroussés vers le sommet de la tête; au pourtour, quatre dauphins. ℞. Bige au galop à g. Une Victoire volant couronne l'aurige. — Æ7. B.

Planche IV.

Vente Hirsch, cat. XV, n. 1159.

176 ΣVPAKOΣION. Tête de femme à dr., la partie inférieure de la coiffure retenue par une résille qui se rattache au bandeau; dans le champ, quatre dauphins. ℞. Bige à dr., couronné par la Victoire. — Æ6. B.

Planche III.

177 ΣVPAKOΣION. Tête de femme à g., les cheveux pris dans une sphendoné retenue sur le front par un bandeau orné de broderies; dans le champ, quatre dauphins. ℞. Quadrige au galop à g.; au-dessus, une Victoire couronne l'aurige; à l'exergue, un épi. Tétradrachme par *Eucleidas*. — Rare. Æ7. TB.

Planche IV.

178 [ΣY]PAKOΣI[ΩN]. Tête de femme à g., un diadème au front, le bandeau ciselé; deux dauphins autour. ℞. Quadrige galopant à g., le conducteur couronné par une Victoire. Épi en exergue. — Æ6. Tétradrachme d'*Eucleidas*. Rare et B.

Planche IV.

179 Tête de femme à g., les cheveux ceints d'un bandeau et relevés vers le sommet. Deux dauphins autour. Légende, ...ΟΣΙΩΝ. *Ouvrage d'Eucleidas.* ℞. Quadrige au galop à g., le conducteur couronné par une Victoire. Exergue, dauphin à g. — Tétradrachme. Æ7. TB.

Planche IV.

Vente Carfrae, n. 69.

180 ΣVPAKOΣION. Tête de femme à g., les cheveux pris dans un large bandeau; dans le champ, quatre dauphins; sous la tête, la signature, EVMENOY. ℞. Quadrige au galop à dr. Au-dessus, une Victoire volant à g. porte une tablette; à l'exergue, deux dauphins. Type rare. — Æ7.

181 ΣVPAKOΣI... Tête de Cérès à g., coiffée d'épis, entre quatre dauphins. Dessous, EY.. ℞. La Victoire, couronnée par une autre Victoire qui plane dans les airs, conduit un quadrige au galop à dr. En exergue, Tritonide portant un trident sur l'épaule. Traces de signature. — Tétradrachme. Æ8. B.

Planche IV.

Vente Rollin et Feuardent, juin 1906, n. 536.

182 ΣVPAKOΣION. Tête de femme à g., les cheveux serrés dans une double bandelette et retroussés en frisures libres au sommet de la tête; dans le champ, quatre dauphins. ℞. Quadrige au galop à g. Une Victoire, volant à dr., couronne l'aurige; en exergue, une coquille. — *Rare.* Tétradrachme par *Eumène.* Æ8. B.

Planche IV.

183 ΣVPAKOΣION (l'N rétrograde). Entre quatre dauphins, tête de femme à g.; dessous, EV. ℞. Quadrige au galop à g., le conducteur couronné par une Victoire. Sous les chevaux, EY; en exergue, deux dauphins affrontés. — Æ6. B.

Planche IV.

184 Variante; EY sous la tête. ℞. Quadrige galopant à dr. — Æ6. B.

Planche IV.

185 Entre trois dauphins, tête d'Aréthuse à g., coiffée de joncs ; dessous, ΦΙ. ℞. Quadrige au galop à g., le conducteur tenant l'aiguillon. Dans le haut, triquètre ; en exergue, ΣΥ-ΡΑΚΟΣΙΩΝ et ΑΝ en ligature. — Tétradrachme. Æ7. TB.

Planche IV.

Vente Hirsch, 1901, n. 56.

186 Autre exemplaire, de très belle conservation.

Planche IV.

Vente Rollin et Feuardent, juin 1906, n. 539.

187 Entre quatre dauphins, tête d'Aréthuse à g., portant sur le bandeau frontal la lettre Κ (*signature du graveur Cimon*). ℞. Quadrige au galop à g., le conducteur couronné par une Victoire planant dans les airs. En exergue, pièces d'armure. — *Décadrachme de grande beauté.* Æ10.

Planche V.

Vente Sambon, Paris 1906, n. 227.

188 ΣVRAKOΣΙΟΝ. Tête d'Aréthuse à g. ; au pourtour, quatre dauphins ; sous le cou, la signature EVAINE. ℞. Quadrige au galop à g. ; au-dessus, une Victoire volant à dr. couronne l'aurige ; à l'exergue, des armes. P. 42 gr. 75. *Superbe décadrachme d'une conservation parfaite et d'un style admirable.* — Æ10. FDC.

Planche V.

Vente Hoskier, n. 159.

189 Tête d'Aréthuse à g., entourée de quatre dauphins ; EY sous le col. ℞. Quadrige galopant à g., le conducteur couronné par une Victoire. En exergue, pièces d'armure. — *Décadrachme.* Æ10. TB.

Planche V.

Coll. G. R. Smith, 1890.

190 Autre exemplaire, sans la signature ; devant la tête, un globule. — *Décadrachme* par *Evénète.* Æ10. TB.

Planche V.

191 Tête d'Aréthuse à g., entourée de trois dauphins; derrière, un globule. ℞. Quadrige galopant à g., le conducteur couronné par une Victoire. En exergue, pièces d'armure. — Bronze[10]. *Essai monétaire* plutôt que médaille défourrée. TB.

Num. Chronicle, 1894, p. 19. — Vente Rollin et Feuardent, juin 1906, n. 235.

192 Tête casquée de Minerve, de face; dans le champ, quatre dauphins. ℞. ΣVRAKOΣI[ON]. Leucaspis en posture de combat devant un autel. — Drachme par *Eucleidas*. Æ[4].

Planche IV.

193 ΣYPAK... Tête casquée de Minerve, de face; à g., deux dauphins. ℞. Cavalier à dr.; dans le champ, astre au-dessus d'un épi et N sous le cheval. — Æ[3]. B.

Planche V.

194 Autre exemplaire. — Æ[3]. B.

195 ΣYRAKOΣIΩ[N]. Tête casquée de Minerve. ℞. Pégase à g. — Didrachme. Æ[5]. FDC.

Planche IV.

196 Variante. Trophée derrière la tête; griffon sur le casque. ℞. Légende. Pégase à g., triquètre et épi de blé. — Æ[5]. Rare. B.

197 Variante. Casque athénien uni. ℞. Étoile au-dessus du Pégase à g. Sans légende. — Æ[5]. TB.

198 Tête de Minerve à g., le casque orné d'un griffon. ℞. ΣYPAKOΣIΩN. Diane debout à g., tirant de l'arc; à ses pieds, un chien de chasse; YA et ΣA dans le champ. — Æ[6]. B.

Northwick Collection, n. 373. — Vente Ashburnham, n. 66.

199 Grande tête casquée de Minerve à g., l'égide sur l'épaule. ℞. ΣYPAKOΣIΩN. Diane chasseresse à g., tirant de l'arc; près d'elle, son chien; YA et ΣA dans le champ. — Æ[6]. TB.

Planche V.

200 **Tauromenium.** Tête laurée d'Apollon à g.; derrière, massue.

℞. **TAYPOMENITAN**. Trépied ; dans le champ, **EY**. — Or[1]. FDC.

Planche V.

201 Tête laurée d'Apollon à dr. ; derrière, astre. ℞. **TAYPOMENITAN**. Trépied. — Æ[4].

Coll. Prokesch-Osten. — Vente Prowe, n. 280.

202 **Siculo-puniques.** Tête de Cérès à g., coiffée d'épis. ℞. Cheval arrêté à dr. ; dessus, le disque solaire entre deux uræus — Électrum[5]. B.

Planche VI.

Vente Prowe, n. 1785.

203 Tête de Cérès à g., parée d'un large collier. ℞. Cheval debout à dr. — Électrum[4].

204 Entre trois dauphins, tête d'Aréthuse à g., coiffée de joncs. ℞. Buste de cheval à g. ; derrière, dattier en fruit. En exergue, légende punique. — Tétradrachme. Æ[7]. TB.

Planche VI.

205 Tête d'Aréthuse à g., entre quatre dauphins ; devant, coquille. ℞. Buste de cheval à g. ; dans le champ, dattier en fruit et légende punique. — Æ[7]. TB.

Vente Harlan P. Smith, n. 372.

Planche VI.

206 Tête de nymphe à g., la chevelure ceinte d'un bandeau qui disparaît sous les mèches de cheveux retroussés et frisés ; devant, deux dauphins. ℞. Quadrige au galop à dr. Une Victoire volant couronne l'aurige. A l'exergue, hippocampe et légende punique. — Æ[8]. TB.

Planche VI.

Vente Hirsch, cat. XV, n. 1083.

207 Tête d'Hercule avec la peau de lion, à dr. ℞. Buste de cheval à g. ; dans le champ, épi, palmier et légende punique. *Superbe exemplaire.* — Æ[7].

Planche VI.

208 **Héraclée-Minoa.** Tête d'Aréthuse à dr., coiffée de joncs; trois dauphins autour. ℞. Quadrige au galop à dr., le conducteur couronné par une Victoire. En exergue, restes d'une légende punique. — Tétradrachme. AR 7. TB.

Planche VI.

Vente Prowe, n. 224.

209 Entre trois dauphins, tête d'Aréthuse coiffée de joncs. ℞. Quadrige au galop à dr., le conducteur couronné par la Victoire. En exergue, légende punique. — Tétradrachme. AR 7. B.

Vente H. Booth, 1900, n. 34.

Planche VI.

210 Tête de Cérès à dr.; trois dauphins autour. ℞. Quadrige galopant à dr., l'aurige couronné par une Victoire au vol. — AR 6. TB.

ROIS DE SICILE

211 **Agathocle.** Tête de Minerve à dr., coiffée d'un casque athénien. ℞. ΑΓΑΘΟΚΛΕΟΣ ΒΑΣΙΛΕΟΣ. Foudre. — Or 4. TB.

Planche V.

Vente Wotoch, n. 281.

212 Tête de Minerve à dr., le casque orné d'un griffon. ℞. ΑΓΑΘΟΚΛΕΟΣ ΒΑΣΙΛΕΟΣ. Foudre ailé; dans le champ, T. — Or 1. FDC.

Planche V.

Vente Hirsch, cat. XIV, n. 233.

213 ΚΟΡΑΣ. Tête de Kora à dr., coiffée de joncs. ℞. ΑΓΑΘΟΚΛΕΙΟΣ. Victoire érigeant un trophée; à dr., la triquètre. — Tétradrachme. AR 7. TB.

Planche IV.

Vente Hirsch, cat. VII, n. 148.

214 Autre exemplaire, frappé sur un flan plus arrondi. — TB.
Planche IV.

Vente Hirsch, cat. XV, n. 1240.

215 **ΚΟΡΑΣ**. Tête de Kora à dr. ℞. **ΑΓΑΘΟΚΛΕΙΟΣ**. Victoire debout à dr., érigeant un trophée; dans le champ, triquètre. — Æ8. TB.
Planche V.

216 **Hicetas. ΣVRAKOΣIΩN**. Tête d'Aréthuse à g.; derrière, corne d'abondance. ℞. Bige au galop à dr., conduit par la Victoire; au-dessus, un croissant; dessous, Θ; à l'exergue, **ΕΠΙ ΙΚΕΤΑ**. P. 4 gr. 25. — Or3. TB.
Planche V.

217 **Hiéron II.** Tête de Cérès à g.; derrière, une amphore. ℞. Bige au galop à dr.; à l'exergue, **ΙΕΡΩΝΟΣ**. — Or3. FDC.
Planche V.

218 Tête diadémée du roi à g. ℞. Cavalier casqué, galopant à dr., la lance en arrêt. **AP** liés. Exergue : **ΙΕΡΩΝΟΣ**. — Bronze7. TB.
Planche V.

Vente Rollin et Feuardent, juin 1906, n. 569.

219 **Philistis.** Tête voilée et diadémée de la reine à g.; derrière, une palme. ℞. **ΒΑΣΙΛΙΣΣΑ[Σ]** (*sic*) **ΦΙΛΙΣΤΙΔΟΣ**. Victoire conduisant un quadrige au pas à dr. — Tétradrachme. Æ7. TB.

Vente G. R. Smith, 1890.

220 Même avers; derrière la tête, un flambeau. ℞. **ΒΑΣΙΛΙΣΣΑΣ ΦΙΛΙΣΤΙΔΟΣ**. Victoire conduisant un quadrige au galop à g. Monogramme dans le champ. — Tétradrachme. Æ7. *Rare.* TB.
Planche V.

221 **Hiéronyme.** Tête diadémée à g. ℞. **ΒΑΣΙΛΕΟΣ ΙΕΡΩΝVΜΟΥ**. Foudre ailé; au-dessus, **ΕΚΑ** en monogr. — Æ6. FDC.
Planche V.

MÉSIE

222 **Istrus.** Deux masques imberbes posés en sens contraire. ℞. ΙΣΤΡΙΗ. Aigle à g. sur un dauphin ; dessous, A. — Æ[4]. TB.

THRACE

223 **Aenus.** Tête de Mercure à dr., coiffée d'un chapeau à bords perlés. ℞. Dans une aire creuse, AINI. Chèvre à dr. ; devant, un terme. — Æ[6]. TB.

Planche VI.

224 Tête imberbe de Mercure à dr., coiffée d'un chapeau à bords perlés. Derrière, un *graffite*. ℞. Dans une aire concave, AINI. Chèvre debout devant un terme dressé sur un siège. — Æ[6]. TB.

Planche VI.

225 Même tête, aux cheveux bouclés, de style moins ancien. ℞. AINI. Chèvre debout devant un caducée. — Æ[6]. TB.

Planche VI.

Vente Hirsch, cat. XVIII, n. 2310.

226 Autre exemplaire. — Æ[6]. TB.

Planche VI.

227 Tête de Mercure, presque de face ; cheveux bouclés, chapeau à bords perlés et à bouton central. ℞. AINION. Chèvre debout devant une plante en fleur. — Æ[7]. TB.

Planche VI.

228 **Apollonia de Thrace.** Ancre ; dans le champ, A et écrevisse. ℞. Tête de Gorgone, de face dans un champ creux. — Æ. TB.

229 **Chersonnèse de Thrace.** Protome de lion à dr., la tête retournée. ℞. Carré creux renfermant deux globules. — Æ[2].

230 **Thasus.** Silène nu, tenant une nymphe sur ses genoux. ℞. Carré creux. — AR[5]. B.

231 Tête de Bacchus à dr., couronnée de lierre en fleur. ℞. **ΗΡΑΚΛΕΟΥΣ ΣΩΤΗΡΟΣ.** Hercule jeune, debout à g., s'appuyant sur sa massue. Monogramme dans le champ. En exergue, **ΘΑΣΙΩΝ.** — Tétradrachme. AR[10]. B.

232 **Lysimaque, roi.** Tête cornue et diadémée d'Alexandre le Grand. ℞. **ΒΑΣΙΛΕΩΣ ΛΥΣΙΜΑΧΟΥ.** Minerve nicéphore assise à g.; sous le siège, **ΒΥ** (*Byzance*); devant, monogramme; exergue, trident (de Byzance) orné. — Or[5]. FDC.

Planche VI.

233 Tête cornue d'Alexandre le Grand. ℞. **ΒΑΣΙΛΕΩΣ ΛΥΣΙΜΑΧΟΥ.** Minerve nicéphore assise à g.; devant, terme et monogramme. — Tétradrachme. AR[9]. TB.

MACÉDOINE

234 **Acanthe.** Lion à dr., dévorant un taureau couché à g. Ancien style. Dessus, **Θ**; exergue, un thon. Pourtour et barre perlés. ℞. Carré creux granuleux. — Tétradrachme. AR[8]. B.

Planche VI.

Vente H. Booth, n. 65.

235 Lion à dr., sautant sur un taureau agenouillé à g. Bords perlés. ℞. Dans un carré creux, un autre carré, plus petit et entouré de la légende **ΑΚΑΝΘΙΟΝ.** — Tétradrachme. AR[7]. TB.

Planche VI.

Vente Allatini, chez Sotheby, 1904, n. 24.

236 Lion à dr., dévorant un taureau à g.; thon en exergue. ℞. Carré creux. — AR[8].

237 **Amphipolis.** Tête laurée d'Apollon, de trois quarts à dr., dans une bordure de points. ℞. **ΑΜΦΙΠΟΛΙΤΕΩΝ** inscrit sur

un cadre qui entoure une torche allumée ; à g., A ; le tout dans un carré creux. *Pièce excessivement rare et d'un style admirable.* — Æ7. TB.

Planche VI.

Double du Musée de Berlin.

238 **Chalcidice.** Tête laurée d'Apollon à dr. ℞. ΧΑΛΚΙΔΕΩΝ. Lyre à sept cordes. — Æ7. B.

Planche VII.

Vente Allatini, n. 33.

239 Même tête, à g. ; derrière, H. ℞. Le même. — Æ7. B.

Planche VII.

Vente Hirsch, cat. XIV, n. 287.

240 Même tête à g., de très beau style. ℞. ΧΑΛΚΙΔΕΩΝ. Même lyre, de forme un peu différente. — Æ6. TB.

Planche VII.

Coll. Bunbury. — Vente d'un *bachelor* (Londres, 1907), n. 23.

241 Même tête, à dr. ℞. Le même, avec un X au-dessus de l'alpha. — Æ6. TB.

Planche VII.

Vente Allatini, n. 36.

242 **Lete.** Satyre et nymphe debout. ℞. Carré creux. — Æ5. TB.

ROIS DE MACÉDOINE

243 **Archelaus.** Cavalier au pas, avec deux lances à la main g. ℞. Protome de lion à dr., dans un carré creux. — Triobole. Æ3.

244 **Amyntas II.** Tête barbue d'Hercule, coiffée de la peau de lion. ℞. Dans une aire creuse, AMYNTA. Cheval debout. — Æ5. TB.

245 **Philippe II.** Tête laurée d'Apollon. ℞. Bige au galop à dr.; dessous, Victoire au vol. Exergue : ΦΙΛΙΠΠΟΥ. — Or[4]. TB.

Planche VII.

Vente Montagu, seconde partie, n. 110.

246 Tête laurée d'Apollon à dr. ℞. Bige au galop à dr.; dessous, tête radiée du Soleil; à l'exergue, ΦΙΛΙΠΠΟΥ. — Or[4]. TB.

247 Tête laurée de Jupiter. ℞. ΦΙΛΙΠΠΟΥ. Cavalier macédonien à g., coiffé d'un pétase, le bras dr. levé; **M** sous le cheval. — Æ[6].

248 Tête laurée de Jupiter. ℞. ΦΙΛΙΠΠΟΥ. Cavalier au pas; dessous, foudre. — Æ[6]. TB.

249 Variante. ℞. Sous le cheval, une proue de navire. — Æ[6].

250 Tête de jeune homme. ℞. ΦΙΛΙΠΠΟΥ. Cavalier au trot; dessous, branchette. — Tétrobole. Æ[3].

251 **Alexandre le Grand.** Tête d'Hercule jeune, coiffée de la peau de lion. ℞. ΑΛΕΞΑΝΔΡΟΥ. Jupiter aétophore assis à g.; sous le siège, Θ. — Tétradrachme. Æ[7]. B.

252 Tête d'Hercule jeune. ℞. ΒΑΣΙΛΕΩΣ ΑΛΕΞΑΝΔΡΟΥ. Jupiter aétophore assis à g. Symboles : Victoire au vol, caducée et Θ. — Tétradrachme. Æ[7]. TB.

253 Variante. ℞. Monogramme dans le champ. — Æ[7]. B.

254 Drachme aux mêmes types. ΑΛΕΞΑΝΔ[ΡΟΥ]. Symbole : protome de Pégase, d'ancien style. — Æ[4]. B.

255 **Philippe III.** Tête d'Hercule jeune. ℞. ΦΙΛΙΠΠΟΥ. Jupiter aétophore assis à g. **Ν** et **ΣΙ**. — Æ[6]. B.

256 Variante avec ΦΙΛΙΠΠΟΥ ΒΑΣΙΛΕΩ[Σ]. Lettres, **Μ** et **ΛΥ**. — Æ[6]. B.

257 **Antigone Gonatas.** Au centre d'un bouclier macédonien, tête de Pan à g., le pedum sur l'épaule. ℞. ΒΑΣΙΛΕΩΣ ΑΝΤΙΓΟΝΟΥ. Minerve *promachos* debout à g.; dans le champ, ΤΙ et casque à deux crinières. — Tétradrachme. Æ[9].

258 **Macédoine romaine.** Buste de Diane au centre d'un bouclier macédonien. ℞. ΜΑΚΕΔΟΝΩΝ ΠΡΩΤΗΣ et massue dans une couronne de chêne. ΑΡ liés. —Tétradrachme. Æ8. TB.

PÉONIE

259 **Patraüs.** Tête laurée d'Apollon à dr., dans une bordure de points. ℞. ΠΑΤΡΑΟΥ. Cavalier péonien terrassant un hoplite macédonien. Dans le champ, grappe de raisin et foudre. — Æ7. TB.

Planche VI.

THESSALIE

260 **Larissa.** Thessalien nu, debout à dr. et maîtrisant un taureau. ℞. ΛΑΡΙΣΑΙΑ. Cheval libre. — Æ4.

261 Moitié antérieure d'un taureau maîtrisé par un Thessalien. ℞. Dans une aire creuse : ΛΑΡΙ. Protome d'un cheval courant à g. — Æ3.

262 Thessalien à g., maîtrisant un taureau. ℞. ΛΑΡΙ[Σ]ΑΙΑ. Cheval courant à dr. — Æ4.

263 Mêmes types, l'homme soulevé par le taureau. ℞. ΛΑΡΙΣΑΙΑ. — Æ4.

264 Tête de nymphe, de trois quarts à g. ℞. ΛΑΡΙΣΑΙΩΝ. Cheval bridé, au pas à dr. — Æ6. *Rare et* TB.

Planche VII.

Vente Delbeke, n. 117.

265 Même avers. ℞. Même légende. Cheval paissant à dr. — Æ4. B.

Planche VII.

266 Variante, la légende disposée différemment. — Æ4.

267 Tête de nymphe, de trois quarts à g. ℞. Cheval paissant; dessous, ΑΙ; en exergue : ΛΑΡΙΣΑΙ. — Æ4. B.

268 Autre exemplaire, X sur la croupe du cheval. — Æ^{4}. B.

269 Même tête, de trois quarts à dr. ℞. ΛΑΡΙΣ. Cheval paissant. — Æ^{4}. TB.

Planche VII.

270 Même tête, de trois quarts à g. ℞. ΛΑΡΙ et dans le haut : ΣΑΙΩΝ. Cheval paissant à g. — Æ^{4}.

271 **Oetaei.** Tête de lion à g., tenant dans sa gueule un fer de lance. ℞. ΟΙΤΑΙΩΝ. Hercule jeune debout, de face, tenant des deux mains sa massue. Rare. — Æ^{3}. TB.

Planche VI.

272 **Phalanna.** Tête virile à dr. dans un grènetis. ℞. ΦΑΛΑΝΝΑΙΩΝ. Cheval bridé passant à dr. *Très beau style.* — Æ^{5}. B.

Planche VII.

273 **Pharsale.** Tête casquée de Minerve. ℞. ΦΑΡΣ rétrograde. Cavalier galopant à dr. — Æ^{4}.

ÉPIRE

274 **Pyrrhus, roi.** Buste de Diane à dr., le carquois sur l'épaule; derrière la tête, une grappe de raisin. Grènetis en bordure. ℞. ΒΑΣΙΛΕΩΣ ΠΥΡΡΟΥ. Victoire à g., portant une couronne et un trophée. Dans le champ, un foudre. *Rare.* OR^{4}. TB.

Planche VII.

ACARNANIE

275 **Anactorium.** Tête de Minerve à g.; derrière, AN liés et sceptre bouleté. ℞. AN (liés). Pégase à g. — Æ^{5}. B.

276 Variante. ΔΩ et autel allumé. — Æ^{5}. B.

277 **Leucas.** Buste casqué archaïque de Minerve dans un carré creux. ℞. Λ et Pégase à g. — Æ^{4}. B.

278 **Thyrrheium.** Tête de Minerve à g.; derrière, amphore. ΘΥ. ℞. Θ et Pégase à g. — AR⁵. B.

ÉTOLIE

279 Tête laurée, à dr., du roi Antiochus III de Syrie. ℞. ΑΙΤΩΛΩΝ. Éphèbe nu à g., posant le pied dr. sur un rocher; le pétase suspendu à la nuque, il porte une lance et une épée. ΑΕ dans le champ. — AR⁷. B.

Planche VII.

Vente Prowe, n. 697.

LOCRES

280 **Oponte.** Tête de Cérès à g., parée d'un collier. ℞. ΟΠΟΝΤΙΩΝ. Ajax combattant à dr.; son bouclier est orné d'un griffon et d'une palmette. Dans le champ, un astre. *Magnifique pièce, de beau style et d'un modelé très fin.* — AR⁷. TB.

Planche VII.

Vente Hirsch, cat. XIII, n. 1617.

BÉOTIE

281 **Ligue béotienne.** Bouclier béotien. ℞. Tête barbue de Bacchus à dr. couronnée de lierre; derrière, Θ. *Rare.* — AR⁶. TB.

Planche VII.

282 Tête laurée de Jupiter. ℞. ΒΟΙΩΤΩ[Ν]. Victoire à dr.; Ν dans le champ. — AR⁴. TB.

283 Bouclier béotien. ℞. ΓΤΟΙ. Amphore godronnée. — AR⁵. TB.

284 Variante. ℞. ΓΑΣΤ et grain d'orge. — AR⁵. TB.

285 Variante. ℞. EPX (?), massue et deux feuilles de lierre. — Æ5. B.

286 Variante. ℞. ΠΥΘΙ et grain d'orge. — Æ5. TB.

ATTIQUE

287 **Athènes.** Tête de Minerve à dr., le casque orné de feuilles d'olivier. ℞. Dans une aire concave : **AΘE**, chouette à dr., pousse d'olivier et croissant. Tétradrachme. — Æ6. TB.

288 Autre exemplaire. B.

289 Tête de Minerve, le casque paré de feuilles d'olivier. ℞. Dans une aire creuse : **AΘE**, chouette, croissant et brindille d'olivier. — Æ7. FDC.

Planche VII.

290-294 Cinq autres exemplaires.

295 Tête de Minerve, le casque orné de protomes de chevaux. ℞. Dans une couronne d'olivier : chouette de face sur une amphore renversée, marquée d'un A. Dans le champ, **AΘE**, **ΓΛΑΥ**, **EXE**, **HP** et la tête radiée du Soleil. — Tétradrachme. — Æ9. TB.

296 Tête casquée de Minerve à dr. (d'après Phidias). ℞. **AΘE**. Chouette de face sur une amphore. Dans le champ : **ΕΥΜΗΛΟΣ ΚΑΛΛΙΦΩΝ ΗΡΑ** et une femme debout tenant une patère et une corne d'abondance ; le tout dans une couronne d'olivier. *Variété rare.* — Æ8. TB.

Planche VII.

297 **Égine.** Tortue de mer. ℞. Carré creux éginétique. — Æ6. FDC.

298 Tortue de terre. ℞. Carré creux éginétique. — Æ5. TB.

299 Tortue de terre. ℞. **ΑΙΓ** et un dauphin dans un carré creux. — Æ6. B.

Planche VII.

300 Même avers. ℞. Carré creux éginétique. — Æ6. B.

PÉLOPONNÈSE

301 **Corinthe.** Pégase d'ancien style, à g.; dessous, ϙ. ℞. Carré creux dentelé. — AR^{4}.

302 Même Pégase à dr.; dessous, ϙ. ℞. Tête casquée de Minerve dans une aire concave. — AR^{4}. TB.

303 Variante, le Pégase à g. — AR^{4}. TB.

304 Tête casquée de Minerve à g.; derrière, E rétrograde. ℞. Pégase d'ancien style, s'arrêtant à dr.; dessous, ϙ. — AR^{5}. TB.

Planche VII.

305 Variante ; dauphin devant la tête, et Σ derrière. ℞. ϙ et même Pégase d'ancien style, marchant à g. — AR^{5}. B.

306 Tête de Minerve à dr.; derrière, tête de taureau avec encolure. ℞. ϙ et même Pégase marchant à dr. — AR^{5}. TB.

307 Tête de Minerve à dr.; derrière, protome de cheval galopant à g. ℞. Pégase au vol à g.; dessous, ϙ. — AR^{5}. TB.

308 Même tête à g.; derrière, carquois; devant, I. ℞. ϙ et Pégase au vol à g. — AR^{5}. TB.

309 Buste de Pallas à g.: hache dans le champ. ℞. sans lettre; Pégase à g. — AR^{5}. B.

310 **Phlionte.** Taureau cornupète à g.; ΦΛΙΑ(?) en exergue. ℞. dans une aire concave : ΣΙΟΝ. Roue. — AR^{4}. B.

311 **Sicyone.** Chimère; dessous, ΣΕ. ℞. Colombe volant à dr. dans une couronne de feuilles. — AR^{7}. TB.

312 **Élis.** Tête laurée de Jupiter à dr. ℞. FA. Aigle au repos à dr.; dans le champ, foudre et couronne. *Rare et de beau style.* — AR^{6}. TB.

Planche VIII.

Vente Hirsch, cat. XIII, n. 2580.

313 Aigle d'ancien style, emportant un lièvre. ℞. FA. Femme drapée et ailée, courant à g. — AR^{5}. Rare. B.

314 Tête d'aigle à g. ℞. **FA**. Foudre ailé dans une couronne de feuillage. — AR[6]. TB.

315 Triobole aux mêmes types. — AR[2].

316 **FA**. Tête diadémée de Junon. ℞. Aigle éployée dans un cercle perlé. — AR[4]. B.

317 **Zacynthus.** Tête laurée d'Apollon d'ancien style. ℞. Trépied. — AR[6]. *Très rare.* B.

318 **Arcadie.** Jupiter assis à g.; de sa main droite tendue, l'aigle s'apprête à prendre son vol. ℞. **APKAΔIKO**. Tête de Diane, parée d'un collier, à dr. dans un carré creux. *Très beau style.* — AR[3]. B.

Vente Hirsch, cat. XVIII, n. 2417.

319 **Stymphalus.** Tête d'Hercule. ℞. **ΣTVMΦAΛION** rétrograde. Tête d'oiseau à long col. — AR[2]. B.

CRÈTE

320 **Cnossus.** Tête d'Héra à g. portant un diadème orné de palmettes. ℞. **KNΩΣIΩN**. Labyrinthe; dans le champ, **P** et foudre. Grènetis autour. *Très rare et de très beau style.* — AR[8]. B.

Planche VIII.

321 **Gortyne.** Europe assise sur un arbre. ℞. Taureau à dr., se retournant. — AR[7].

322 **Phaestus.** Hercule debout, avec la massue et la tête de lion. ℞. Vache attachée, paissant à g. — AR[6]. Rare. B.

ILES DE LA MER ÉGÉE

323 **Coresia.** Seiche. ℞. Carré creux. — AR[5]. Très rare. TB.

324 **Paros.** Tête virile à dr. ℞. Dans une couronne de lierre : **ΓAPI** et **KΛEO**. — AR[4].

Planche VIII.

Vente Rhousopoulos, n. 3168.

PONT

325 **Mithridate VI.** Tête diadémée du roi. ℞. Dans une couronne de lierre en fleur : **ΒΑΣΙΛΕΩΣ ΜΙΘΡΑΔΑΤΟΥ ΕΥΠΑΤΟΡΟΣ**. Pégase paissant, à g.; astre et croissant, la date **ΘΣ** et un monogramme. Tétradrachme. — Æ[8]. TB.

Planche VIII.

326 Tête de Mithridate le Grand à dr. ℞. Dans une couronne de lierre en fleur : **ΒΑΣΙΛΕΩΣ ΜΙΘΡΑΔΑΤΟΥ ΕΥΠΑΤΟΡΟΣ**. Cerf paissant à g.; devant, astre et croissant. Dans le champ, deux monogrammes et les dates **ΓΚΣ** (223) et **ΙΒ** (12). *Excellent style.* — Æ[9]. TB.

Planche VIII.

ASIE MINEURE

327 **Incertaine.** Tête de bélier à dr. ℞. Carré creux à quatre compartiments. — Æ[1]. B.

TROADE

328 **Birytus.** Tête de Dioscure à g., le bonnet entre deux étoiles. ℞. Dans une couronne de feuilles : **ΒΙΡΥ** et massue droite. — Bronze[4]. TB.

ÉOLIE

329 **Lesbos.** Branchette entre deux têtes de bœuf affrontées. ℞. Carré creux. — Potin[5]. TB.

IONIE

330 **Clazomènes.** Tête d'Apollon, de trois quarts à g. ℞. ΑΠΟΛ-ΛΑΣ. Cygne éployé à g. — Æ². B.

331 **Éphèse.** ΕΦ, abeille. ℞. Carré creux. — Æ³. Rare. B.

332 Buste de Diane, de beau style, l'arc et le carquois sur l'épaule. ℞. ΕΦ. Protome de cerf couché, retournant la tête. ΓΡΥΛΙΣ. — Æ⁵. TB.

Planche VIII.

Vente Charvet, n. 171.

333 **Milet.** Tête de lion à dr. avec le globule radié sur le front. ℞. Carré creux. — EL³. TB.

Planche VIII.

Vente Strozzi, n. 1595.

334 Protome de lion à dr., la gueule ouverte. ℞. Carré creux. — Æ⁵. B.

335 Tête laurée d'Apollon à g. ℞. Lion à g., étoile, etc. Exergue : ΑΓΤΙΛΕΩ. — Æ⁵. TB.

Planche VIII.

336 **Chios.** Sphinx à g. devant une amphore. ℞. Carré creux. — Æ⁴. TB.

337 Variante; grappe au-dessus de l'amphore. — Æ⁴.

338 **Samos.** Scalp de lion. ℞. ΣΑ. Protome de bœuf à dr.; à g., rameau de laurier; en haut ΗΓΗΣΙΑΝΑΞ; en bas, monogramme. — Æ⁶. TB.

Planche VIII.

Vente Prowe, n. 1347.

339 Scalp de lion. ℞. ΣΑΜΙΩΝ. Protome de taureau nageant; amphore, trident et branchette. — Æ⁵. TB.

CARIE

340 **Cnide**. Protome de lion à dr., la gueule béante. ℞. Tête de Vénus à dr. dans un carré creux. — AR[4]. B.

341 **Mausole, roi de Carie**. Masque du Soleil (de Rhodes). ℞. ΜΑΥΣΣΩΛΛΟ[Υ]. Jupiter debout à dr., tenant la bipenne et le sceptre. — AR[5]. B.

Planche VIII.

342 **Pixodare**. Masque du Soleil. ℞. ΠΙΞΩΔΑΡΟΥ. Jupiter debout à dr., tenant la bipenne et le sceptre. — AR[4]. B.

Planche VIII.

Vente Prowe, n. 1362.

343 **Calymna**. Tête imberbe casquée. ℞. ΚΑΛΥΜΝΙΟΝ. Lyre dans un cadre perlé. — AR[5]. B.

344 Autre exemplaire. TB.

345 **Rhodes**. Tête laurée du Soleil à dr. ℞. Dans un carré creux : ΡΟ, rose, ΑΝΑΞΙΔΟΤΟΣ. — AR[3]. TB.

PAMPHYLIE

346 **Aspendus**. Groupe de deux lutteurs nus. ℞. Dans un cadre perlé..... ΕΔΙΙΥ. Frondeur debout à dr,; triquètre dans le champ. — AR[5].

347 Deux lutteurs aux prises. ℞. [ΕΣ]ΤFΕΔΙΙ[ΥΣ]. Frondeur combattant, debout à dr.; dans le champ, Π, triquètre et trois contremarques. Le tout dans un cadre en grènetis. — AR[5]. TB.

348 **Side**. Tête casquée de Minerve. ℞. Victoire à g., le bras dr. étendu. Dans le champ : ΑΡ, casque, etc. — AR[8]. B.

ROIS DE LYDIE

349 Protomes affrontées de lion et de bœuf. ℞. Double carré creux. — OR[3]. TB.

CILICIE

350 **Datame** (378-372). Tête de nymphe, de face. Grènetis. ℞. Légende araméenne. Tête de Mars casqué et barbu, à dr. Dans le champ, grappe de raisin. Grènetis. — Æ[5]. TB.

Planche VIII.

CHYPRE

351 **Roi de Citium.** Hercule bandant son arc. ℞. Lion dévorant un cerf; traces de lettres phéniciennes. — Æ[5].

SYRIE

352 **Alexandre Bala.** Tête diadémée du roi. ℞. ΑΛΕΞΑΝΔΡΟΥ ΒΑΣΙΛΕΩΣ. Aigle à g., etc. — Tétradrachme. Æ[7]. FDC.

PERSE

353 **Roi perse.** Roi agenouillé à dr., portant la lance et le carquois. ℞. Rectangle creux. — Æ[3]. TB.

ÉGYPTE

354 **Ptolémée I et Bérénice, Ptolémée II et Arsinoé.** Bustes drapés et conjugués de Ptolémée Ier et de sa femme. ΘΕΩΝ. ℞. Bustes drapés et conjugués de Ptolémée II et de sa femme; derrière, un bouclier. ΑΔΕΛΦΩΝ — OR[7]. B.

Planche VIII.

Vente d'un *late collector*, Londres, 1900, n. 466.

355 **Ptolémée Ier.** Tête diadémée, à dr., avec l'égide. ℞. ΠΤΟΛΕΜΑΙΟΥ ΣΩΤΗΡΟΣ. Aigle à g., etc. — Æ[7].

356 **Ptolémée II**. Tête diadémée, avec l'égide. ℞. ΠΤΟΛΕΜΑΙΟΥ ΒΑΣΙΛΕΩΣ. Aigle à g. sur le foudre. — Æ[7]. TB.

357 Variante de l'an 7. TB.

358 **Arsinoé**. Buste voilé et diadémé à dr.; derrière, ΥΥ. ℞. ΑΡΣΙ-ΝΟΗΣ ΦΙΛΑΔΕΛΦΟΥ. Double corne d'abondance parée d'une bandelette. — Æ[9]. TB.

Planche VIII.

Vente d'un *late collector*, Londres, 1900, n. 471.

CYRÉNAIQUE

359 **Cyrène**. ΚΥΡΑΝΑΙΟΝ. Victoire conduisant un quadrige au trot. ℞. ΠΟΛΙΑΝΘΕΥΣ. Jupiter debout à g. devant un thymiaterion; il s'appuie sur son sceptre et tient une patère. — OR[4]. FDC.

Planche VIII.

Vente d'un *late collector*, Londres, 1900, n. 482.

360 ΚΥΡ. Quadrige au pas à dr.; au-dessus, un astre. ℞. Jupiter assis à g.; derrière, aigle perché sur le lituus; devant, ΘΕΥ-ΦΕΙΔΕΥΣ. Grènetis. — OR[5]. TB.

Planche VIII.

CARTHAGE

361 Tête de la reine Didon à g., coiffée d'une sorte de bonnet phrygien. ℞. Lion à g. devant un palmier; en exergue, légende punique. — Æ[6]. B.

Planche VIII.

362 Cheval libre à dr., couronné par une Victoire au vol. ℞. Dattier en fruit. — Tétradrachme. Æ[7].

Planche VIII.

Collections Wigan, Bompois, Carfrae. — Vente d'un *late collector*, n. 495.

MACON, PROTAT FRÈRES, IMPRIMEURS

138 132 139

140 146

141 142

143

147 156

152 163

168

164 176

167 171

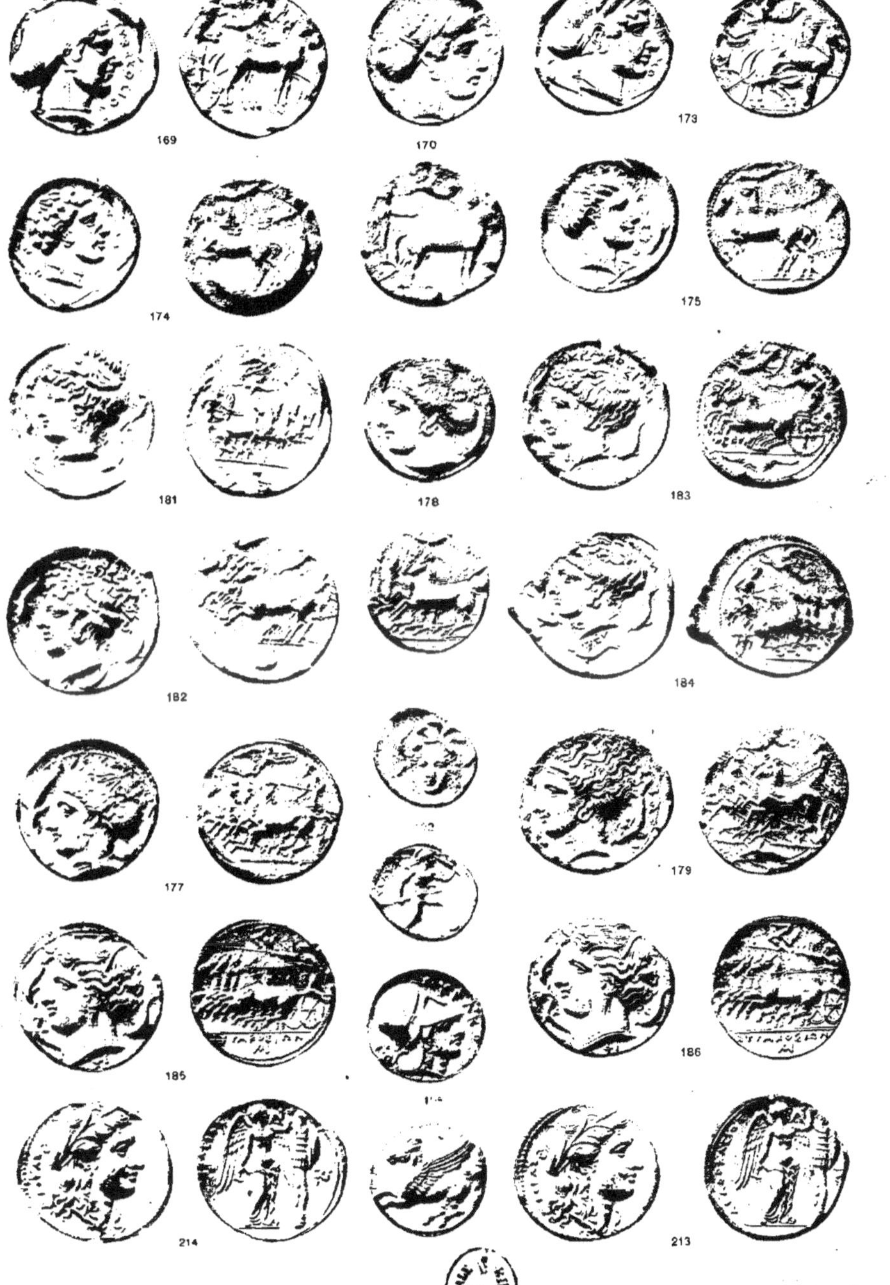

PL V

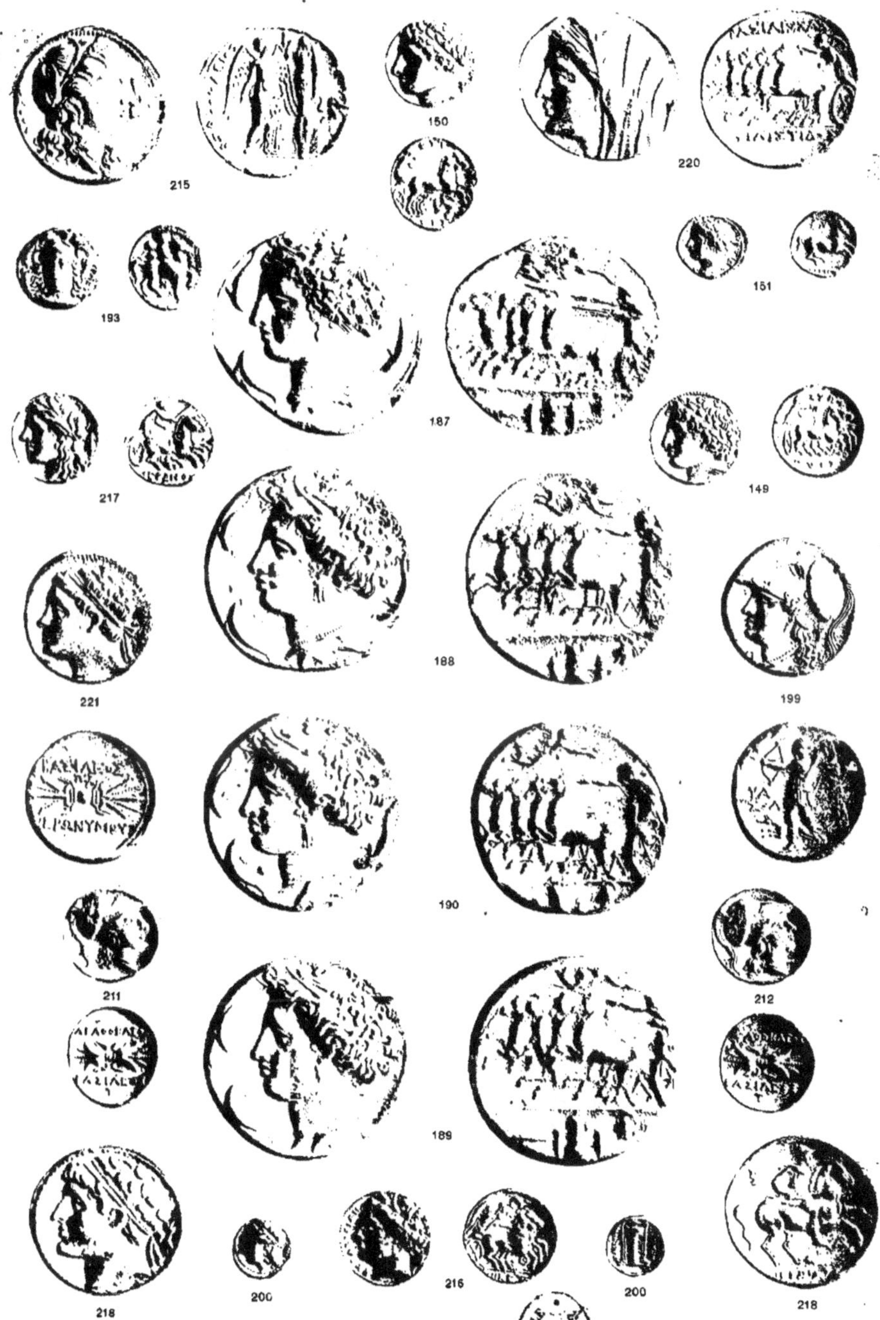

215
150
220
193
151
187
217
149
221
188
199
190
211
212
189
218
200
216
200
218

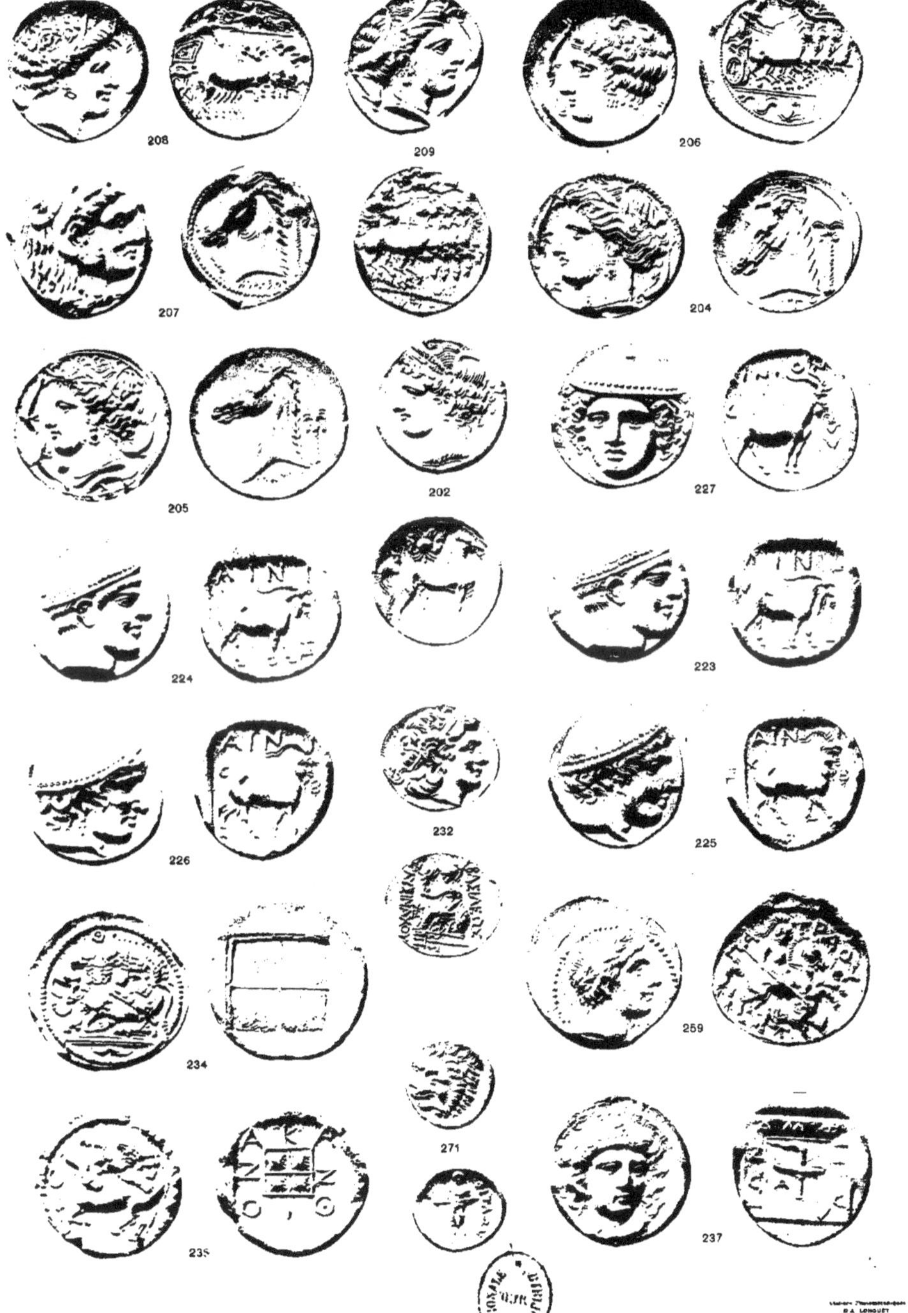
208
209
206
207
204
205
202
227
224
223
226
232
225
234
259
271
235
237

D.A. LONGUET

238
269
239
241
240
265
245
272
279
264
274
280
304
281
299
289
296

312
324
320
332
335
326
325
338
333
341
342
350
358
359
360
354
354
362
361

MACON, PROTAT FRÈRES, IMPRIMEURS

www.ingramcontent.com/pod-product-compliance
Lightning Source LLC
LaVergne TN
LVHW010041230826
846091LV00005B/1819